BIBLIOTHEK DES 18. JAHRHUNDERTS

Abgerissene Einfälle

Deutsche Aphorismen des 18. Jahrhunderts

Mit einem Nachwort herausgegeben von

Harald Fricke und Urs Meyer

Verlag C. H. Beck München

ISBN 3 406 43669 2

Umschlag, Einband und Titelblatt gestaltet von
Juergen Seuss, Niddatal
Gesamtherstellung: Kösel, Kempten
Gedruckt auf säurefreiem, alterungsbeständigem Papier
(hergestellt aus chlorfrei gebleichtem Zellstoff)
Printed in Germany

Inhalt

AUGUST BOHSE

Gemüths-Spiegel;
durch die köstlichsten moralischen Betrachtungen
Lehrsprüche und Maximen
die Erkäntniß seiner selbst und anderer Leute zeigend:
aus dem Franzö[s]ischen
[des François de la Rochefoucauld]
in unsrer teutschen Sprache vorgestellet
von Talandern

[1699]

Gemüths-Spiegel: Oder *Moralische* Betrachtungen

Unsere Tugenden seynd meistentheils nichts anders, als verstellte Laster.

1.

Das jenige, was wir vor Tugenden nehmen, ist offt nichts als eine Zusammenfügung unterschiedlicher Handlungen und unterschiedlicher *interessen,* welche das Glück und unsere Bemühung in die Ordnung zu stellen wissen. Und es geschiehet nicht allezeit durch die Tapferkeit und durch die Keuschheit, daß das Manns-Volck tapfer, und daß die Weiber keusch sind.

2.

[...*]

3.

Die Selbst-Liebe ist der allergröste Schmeichler.

4.

Wie viel man auch von dem Lande der Selbst-Liebe bereits entdecket hat, so ist doch noch ein grosses Theil von solchen unbekant.

5.

Die Selbst-Liebe ist viel geschickter als der geschickteste Mensch von der Welt.

6.

Die Währung unserer *affecten dependiret* so wenig von uns als die Währung oder Dauer unseres Lebens.

7.

Die Liebe machet offt aus dem geschicktesten Menschen einen Narren; und machet offt aus den grösten Narren geschickte Leute.

8.

Die grossen und in die Augen leuchtenden Thaten, welche das Gesicht verblenden, werden von denen *politicis* als Würckungen grosser Absehen vorgestellet, anstatt daß sie gewöhnlich die Würckungen des *humeurs* und der *affecten* seynd. Also war vielleicht der Krieg, welchen *Augustus* und *Antonius* wider einander führeten, nichts anderes als eine Würckung der Eyfersucht, da man ihn hingegen zum Ehr-Geitze ziehen will, den sie hatten, Welt-Beherrscher zu werden.

9.

Die *Affecten* seynd die eintzigen Redner, so allezeit einen zum Beyfall bringen. Sie seynd wie eine Kunst der Natur, deren Reguln gantz nicht fehlen. Und der allereinfältigste Mensch, welchen die Gemüths-Bewegungen reden macht, überredet besser, als der Beredteste, den die Gemüths-Bewegung nicht treibet.

10.

Die *Affecten* haben eine Unbilligkeit und einen Eigennutz, welcher verursachet, daß es gefährlich ist, ihnen zu folgen; und dahero man ihnen nicht trauen soll, und wenn sie auch selbst gantz rechtmäßig scheinen.

11.

In dem menschlichen Hertzen werden die *Affecten* ohne Unterlaß gezeuget, also daß des einen Untergang fast allezeit des andern sein Auffkommen und Befestigung ist.

12.

Die *Affecten* zeugen offt andere, die ihnen gantz zu wider seynd. Der Geitz bringet zuweilen die Verschwendung hervor, und die Verschwendung den Geitz: man ist offt beständig aus Schwachheit, und behertzt aus Furcht.

13.

Was man auch vor Sorge anwendet, seine *affecten* durch den Schein einer Gottesfurcht oder Ehre zu bedecken, so blicken sie doch immer unter diesen Anstreichungen hervor.

14.

Unsere Selbst-Liebe leidet mit weit grösserer Ungeduld die Verdammung unserer Vergnügungen als unseres Wahnes.

15.

Alle *Affecten* seynd keine andere Sache als die unterschiedlichen Staffeln der Hitze und der Kälte des Geblüths.

16.

Die Menschen seynd nicht nur diesem unterworffen, das Andencken der Wohlthaten und des Unrechts zu verliehren. Sondern sie hassen selbst diejenigen, welche sie sich verbunden haben, und hören auff diejenigen zu hassen, die ihnen Verdruß gethan. Es düncket ihnen eine grosse Dienstbarkeit, welcher sie sich mit Mühe unterwerffen, daß sie sich dazu bequehmen, das Gute zu vergelten, und wegen des U[e]bels sich zu rächen.

17.

Die Gütigkeit der Fürsten ist oftmahls nichts anders als eine *politic,* die Liebe des Volcks zu gewinnen.

18.

Diese Gütigkeit oder Sanfftmuth, daraus man eine Tugend machet, wird offtmahls aus Hochmuth, zuweilen aus Faulheit, offters aus Furcht, und fast allezeit aus allen diesen dreyen mit einander *practiciret.*

19.

Die Mässigung in dem guten Glück ist nichts anders, als daß man sich vor dem Schimpfe scheuet, welcher auff die Erhebung folget, oder ist die Furcht, man werde das jenige verliehren, was man hat.

20.

Die Mässigung glückseliger Personen kömmt von der Ruhe, welche das gute Glück ihrer Natur-Art giebet.

21.

Die Mässigung ist eine Furcht, in den Neid und in die Verachtung zu verfallen, welche diejenigen verdienen, so von ihrem guten Glück truncken gemacht werden. Es ist eine ruhmräthige Zeugung des Vermögens unseres Gemüths: und endlich so ist die Mässigung der Menschen in ihrer grösten Erhöhung ein Verlangen, noch grösser als ihr eigenes Glück zu scheinen.

22.

Die Mässigung ist wie die Enthaltung im Essen: Man wolte offt gerne mehr, allein man besorget, sich zu schaden.

23.

Eines andern Unglück zu ertragen, da haben wir allezeit Kräffte genug.

24.

Die Beständigkeit der Weisen ist nichts anders als die Kunst, ihre Bewegung in ihr Hertz wohl zu verschliessen.

25.

Diejenigen, welche man zum Tode verurtheilet, die zwingen sich bisweilen eine Standhafftigkeit und eine Verachtung des Todes sehen zu lassen; so doch in der That nichts anders ist als die Furcht, ihm recht unter die Augen zu schauen. Also, daß man auff diese Art sagen kan, daß diese Standhafftigkeit und diese Verachtung in ihrem Gemüth das jenige seynd, was die Binde vor ihren Augen ist.

26.

Die Welt-Weißheit triumphiret leicht über die vergangenen, und über die zukünfftigen U[e]bel. Aber die gegenwärtigen triumphiren über sie.

27.

Wenig Leute kennen den Todt. Insgemein leidet man denselben nicht aus einer Entschliessung dazu, sondern aus Dummheit und aus Gewohnheit: und es sterben die meisten Leute, dieweil man es ihnen nicht wehren kan, daß sie sterben.

28.

Wann grosse Leute durch die Langwürigkeit ihres Unglücks sich lassen niederschlagen, so geben sie zu erkennen, daß sie dasselbe allein durch die Stärcke ihres Ehrgeitzes ertragen haben, und nicht durch die Güte ihres Geistes, und daß bey der Ruhmgierigkeit Helden eben wie andere Leute beschaffen sind.

29.

Es werden grössere Tugenden dazu erfodert, das gute, als das böse Glücke zu ertragen.

30.

Die Sonne und den Tod kan man nicht mit unverwandten Augen ansehen.

31.

Man suchet offters auch aus den lasterhafftesten *affecten* einen eitlen Ruhm. Aber der Neid ist eine furchtsame und sich schämende *passion,* die man sich niemahls getrauet zu gestehen.

32.

Die Eyfersucht ist einiger massen gerecht und löblich, dieweil sie auff nichts anders zielet, als ein Gut zu erhalten, welches uns zukömmt, oder, welches wir doch meinen, daß es uns zugehörete. Anstatt daß der Neid eine Raserey ist, welcher anderer Leute ihr Gutes nicht leiden kan.

33.

Das U[e]bel, so wir thun, ziehet uns nicht so viel Verfolgung und Haß über den Hals, als unsere gute *Qualitäten.*

34.

Ein jeder findet an einem andern etwas zu sagen, daß man an ihm selbst zu *taxiren* antrifft.

35.

Wir haben mehr Vermögen, als Willen. Und es geschiehet nur offt uns selbst zu entschuldigen, wann wir uns einbilden, die Sachen seynd nicht möglich.

36.

Wenn wir keine Fehler hätten, so würden wir nicht so viel Freude darob empfinden, selbige an einen andern zu bemercken.

37.

Die Eyfersucht ernehret sich von denen Zweiffeln, und sie wird entweder zur Raserey, oder endiget sich, so bald man von dem Zweiffel zu einer rechten Gewißheit gelanget.

38.

Der Hochmuth hält sich allezeit schadlos, und er verliehret nichts, wenn er auch selbst der Einbildung absaget.

39.

Der Hochmuth, gleichsam ermüdet von seinen Kunst-Griffen und von seinen unterschiedlichen Verwandelungen, nachdem er gantz alleine alle Personen in der menschlichen *Comœdie* gespielet hat, zeiget sich endlich mit einem natürlichen Gesichte, und entdecket sich durch den Trotz, also daß eigentlich zu reden der Trotz ist der Glantz und die Erklährung des Hochmuths.

40.

Wenn wir keinen Hochmuth bey uns hätten, so würden wir uns über anderer Leute ihre Hoffarth nicht beklagen.

41.

Der Hochmuth ist bey allen Menschen gleich, und man findet keinen Unterschied als in den Mitteln und in der Art selbigen an den Tag zu legen.

42.

Es scheinet, daß die Natur, welche so weislich die Werckzeuge unseres Leibes eingerichtet, uns glückselig zu machen, uns auch den Hochmuth gegeben habe, um uns den Schmertz zu erspahren, unsere Unvollkommenheiten zu erkennen.

43.

Der Hochmuth hat mehr als die Güte an denen Weisungen Schuld, welche wir andern thun, die da Fehler begehen. Und wir tadeln sie nicht so wohl, selbige zu bessern, als sie zu überreden, daß wir von dergleichen *fauten* keine an uns haben.

44.

Wir versprechen nach unserer Hoffnung, und halten, nachdem wir uns fürchten.

45.

Das *interesse* redet allerhand Sprachen, und spielet alle Personen, auch derjenigen ihre, die sich stellet, als ob sie gantz und gar nicht *interessiret* wäre.

46.

Das *interesse,* welches die einen blind machet, das ist denen andern ein Licht.

47.

Diejenigen, welche sich allzu eyfrig auff kleine Sachen legen, die werden gemeiniglich undüchtig zu grossen.

48.

Wir haben nicht genugsame Stärcke, unserer gantzen Vernunfft zu folgen.

49.

Der Mensch gläubet offt, daß er sich leite, wann er geleitet wird, und indeß daß er mit seinem Verstande auff einen gewissen Zweck zielet, so schleppet ihn sein Hertz gantz unvermerckt auff einen andern.

[...]

Maximen und unterschiedliche Gedancken

1.

Wie keine grössere Schwachheit und nichts unvernünfftiger ist, als sein Urtheil eines andern seinem ohne einzige Anwendung seines eigenen zu unterwerffen: So ist nichts grösser und verständiger, als dasselbe gantz blind GOtt zu unterwerffen, und auff dessen Wort alles zu glauben, was er saget.

2.

Die warhafftige Meriten dependiren weder von der Zeit noch von der Mode. Diejenigen, welche keinen andern Vortheil als die Hoffmanir an sich haben, verlieren solchen, wann sie sich davon entfernen. Aber ein reifer Verstand, die Wissenschafft und die Weißheit machen einen zu aller Zeit und an allen Orten geschickt und beliebt.

3.

An statt, daß man auffmercksam seyn solte, andere Leute zu erkennen, so dencken wir nur darauff, daß wir uns selbst bekant machen. Es wäre besser, fleißig zu hören, umb neue Klugheit zu erlangen, als allzuviel zu reden, umb diejenige zu zeigen, die man bereits erworben hat.

4.

Es ist zuweilen recht nützlich, zu erdichten, als sey man betrogen worden. Denn wenn man einen verschlagenen Menschen sehen läst, daß man seine Künste erkennet, so gibt man ihm Anlaß, dieselben zu vermehren.

5.

Man urtheilet von denen Sachen dermassen obenhin, daß die Anmuth der Handlungen und gemeiner Reden, welche mit einer wohl lassenden Art gethan und gesaget worden, samt einiger Kentnüß desjenigen, was in der Welt passiret, offtmahls besser gelingen, als wenn man sonst noch so geschickt wäre.

6.

Mit sich selbst allzu übel zu frieden seyn, das ist eine Schwachheit. Mit sich selbst allzuwohl zu frieden seyn, das ist eine Thorheit.

7.

Mittelmäßiger Verstand, und übel gemacht, sonderlich Leute, die nur halb gelehrt, seynd dem Eigensinne am meisten unterworffen. Es seynd nur tapffere Gemüther, die ihren Irrthum wiederruffen, und die schlimme Partie zu verlassen wissen.

8.

Die gröste Weißheit der Menschen bestehet darinnen, daß sie ihre Thorheiten erkennen.

9.

Die Ehrligkeit und die Auffrichtigkeit in denen Handlungen die macht die Boßhafften gantz verirret, und verursachet, daß sie den Weg verlieren, durch den sie vermeinen zu ihren Zwecke zu gelangen: dieweil die Boßhafften gemeiniglich glauben, daß man nichts ohne listige Räncke ausrichte.

10.

Es ist eine mühsame Beschäfftigung vor Betrüger, daß sie allezeit den Mangel ihrer Auffrichtigkeit zu bedencken haben, und an der Nichthaltung ihrer Parole immer auszubessern.

11.

Diejenigen, welche sich immer listiger Räncke bedienen, solten zum wenigsten einen guten Verstand dabey gebrauchen, umb zu erkennen, daß man niemahls lange Zeit eine listige Aufführung unter geschickten Leuten verbergen kan, und die allezeit sich darauff gefast machen, solche zu entdecken. Ob sie gleich offt sich stellen, betrogen zu seyn, umb die Wissenschafft, so sie davon haben, zu *dissimuliren.*

12.

Offtmahls machen unsere Wolthaten uns Feinde; und wer undanckbar ist, der ist es fast niemahls nur halb. Denn er begnüget sich nicht allein daran, daß er die schuldige Erkäntnüß nicht hat, sondern er wolte auch lieber seinen Wolthäter nicht gerne zum Zeugen seiner Undanckbarkeit haben.

13.

Nichts kan uns so gut von den allgemeinen unordentlichen Wesen des Menschen unterrichten, als die vollkommene Kentnüß unserer absonderlichen Unrichtigkeit. Wenn wir auf unsere Meinungen wollen Absicht machen, so werden wir in unserm Gemüthe den Ursprung aller Laster finden, welche wir andern vorrücken. Wenn es nicht durch unsere Handlungen ist, so ist es zum wenigsten durch unsere Bewegungen. Denn es ist keine Boßheit, welche die Selbst-Liebe in unserm Verstande nicht *præsentiret*, umb sich deren bey Gelegenheit zu bedienen. Und es seynd wenig tugendhaffte Leute, welche nicht versuchet werden.

14.

Das Reichthum lehret nicht, wegen des Reichthums sich nicht passioniret zu erweisen. Die Besitzung vieler Güter gibt nicht die Ruhe, so da ist, deren nicht mehr zu verlangen.

15.

Es seynd nur geringe Gemüther, die nicht leiden können, daß man ihnen ihre Unwissenheit verweise: Denn wie sie gemeiniglich in allen Sachen sehr blind seynd, auch sehr närrisch und grosse Ignoranten, so zweiffeln sie niemahls an etwas, und seynd in der Einbildung, daß sie das jenige gantz klärlich sehen, was sie doch nur durch die Dunckelheit ihres Verstandes schauen.

16.

Es ist eben so wenig vernünfftig, sich allzusehr seiner Fehler schuldig geben, als sich bey denenselben allzusehr entschuldigen wollen. Die jenigen, so sich selbst allzu übermäßig anklagen, die thun es offt, daß sie nicht leiden können, daß man sie anklage, oder aus Hochmuth, damit man glauben soll, daß sie ihre Fehler zu gestehen wissen.

17.

Es ist eine Güte des Verstandes, unsere Fehler und unsere Qualitäten auffrichtig zu gestehen: Und ist eine Schwachheit, das Gute oder das Böse, so an uns ist, nicht gestehen wollen.

18.

Man liebet alle neue und ungewöhnliche Sachen dermassen, daß man selbst an den traurigsten und entsetzlichsten Begegnungen ein heimlich Vergnügen findet, so wohl wegen ihrer Neuigkeit, als wegen unserer natürlichen Boßheit.

19.

Man kan wohl sich selbst kennen lernen; allein man examiniret sich nicht gnugsam dazu: vielmehr bekümmert man sich, vor das jenige angesehen zu werden, was man seyn soll, als daß man das jenige in der That wäre, was sich gebühret.

20.

Wenn man so sehr sorgete, das jenige zu seyn, was man solte seyn, als andere zu betrügen, indem man das jenige verstecket, was man ist, so könte man sich einen solchen zeigen, was man ist, ohne die Mühe zu nehmen daß man sich verstellete.

[...]

August Bohse

Gemüths-Spiegel;
durch die köstlichsten moralischen Betrachtungen
Lehrsprüche und Maximen
die Erkäntniß seiner selbst und anderer Leute zeigend:
aus dem Franzö[s]ischen
in unsrer teutschen Sprache vorgestellet
von Talandern

[1699]

Unterschiedliche Gedancken

Diese folgende Gedancken seynd nicht eben von derselben Person, welche die Maximen *verfasset hat. Aber wie sie von jemand kommen, so ihr sonderbarer Freund gewesen, und dieselbe einiger Massen zu solcher ihrer Hervorbringung Anlas gegeben, so hat man es vor gut angesehen, sie allhier beyzufügen. Der Autor derselben hat in Wahrheit nicht geglaubet, daß diese Gedancken, so gantz ohne Ordnung und ohne Verbindung, und mit welchen er sich in seiner Einsamkeit unterhalten, und die er seiner unvergleichlichen Freundin entweder mündlich oder schrifftlich eröffnet, solten dereinst gedruckt werden, noch daß sie solches verdieneten. Aber wie dieses fast das unvermeidliche Geschicke von dergleichen Schrifften ist, daß sie endlich unter die Presse kommen, so bald als davon Abschrifften in der Welt herum lauffen; So hat er ohne Widersprechung es endlich geschehen lassen, daß man dadurch die Verfassung der Maximen vermehrete: Und dieses umb desto mehr, dieweil bereits in vielen abgeschriebenen Manuscripten selbige zusammen gehangen, und sie doch entweder bald oder langsam würden ans Tages-Licht kommen, ob er schon darmit nicht möchte zu frieden seyn. Er* praetendiret *nicht dadurch sich den Ruhm eines geschickten Geistes, noch das Lob zu erwerben, daß er wohl schriebe: Er bemühet sich umb nichts weniger, als daß er vor einen* Autorem *wolte gehalten seyn, und wenn man nur so viel von ihm urtheilet, daß seine Gedancken gantz raisonnabel seynd, so ist er völlig zu frieden. Ja er wird auch selbst nicht mißvergnügt werden, wenn man auch schon das Gegenspiel urtheilete. In übrigen, so erkläret er sich, daß durch die Tugenden, welchen er eine rechtschaffene Selbst-Liebe zum Fundament giebt, er nichts anders will verstanden haben, als von menschlichen honeten Handlungen, die von einer Moralischen (oder Sittenmässigen) Erbarkeit und Anständigkeit seynd. Aber, die da sehr entfernet von dem Character und der Reinlichkeit der Christlichen Tugenden, welche eigentlich zu reden alleine den Nahmen der Tugenden verdienen.*

1.

Die Selbst-Liebe machet alle Moralische Laster und Tugenden, nachdem sie wohl oder übel verstanden wird.

2.

Die Klugheit, welche zu Führung der menschlichen Handlungen dienet, ist, wohl zu nehmen, eine vorsichtige und wohl ausgeheiterte Selbst-Liebe. Das, was ihr entgegen gesetzet, ist nichts anders als ein Unbedachtsamkeit und eine Blindheit.

3.

Ob schon nach dieser Meinung es an dem, daß die Menschen niemahls ohne Interesse handeln, so darff man deswegen doch nicht glauben, daß alles verderbet sey, und daß weder Gerechtigkeit noch Frömmigkeit in der Welt zu finden. Es gibt Leute, die durch gantz honnete und löbliche Interessen sich wissen auffzuführen. Dieses ist die rechte Unterscheidung der wohl regulirten Selbstliebe, ob sie schon alle Sachen auff sich selbst beziehet; Aber in einer Beobachtung aller Gesetze der bürgerlichen Gesellschaft, welches das jenige machet, so man in der Welt honnete Leute nennet.

4.

Die Liebe des Nechsten ist unter allen Empfindungen die allerklügste und die allergeschickteste. Es ist auch in der bürgerlichen Societät zu der Glückseeligkeit unsers Lebens so wohl nöthig, als in dem Christenthum zur ewigen Glückseligkeit.

5.

Der Ruhm und die Schande seynd eitel und bestehen in der Einbildung, wenn man sie nicht auff das Reale Gute oder Böse ziehet, so sie begleiten.

6.

Die jenigen, welche sich tausend Mühe machen, und tausend Gefährlichkeiten ausstehen, umb nach ihrem Tode auff künfftige Secula ihren Nahmens-Ruhm auszubreiten, die seynd, wie mich düncket, von sehr vergeblicher Einbildung: alle dieser Ruhm, welchem sie gar keine Grentzen geben, der endet sich in ihrer *Imagination*, welche ihnen die künfftige Ehre, die sie niemahls geniessen werden, als gegenwärtig vorstellet.

7.

Diese Maxim, daß die allerverborgensten Sachen endlich entdecket worden, ist zum wenigsten sehr ungewiß: Massen man es durch nichts als das jenige, was man weiß, kan urtheilen, und nicht durch dieses, was man noch nicht weiß.

8.

Nichts dienet so sehr zu dem Glücke des Lebens, als daß man die Sachen erkennet, wie sie sind. Diese Käntniß erwirbet man durch offtere Beobachtung alles des jenigen was in der Welt vorgehet, und sehr wenig lernet man davon aus denen Büchern.

9.

Fast alles Unglück des Lebens kömmt aus den falschen Vorstellungen, die man sich von allem demjenigen machet, was da passiret.

10.

Die warhafftige Beredsamkeit ist die, so aus einem guten Verstande, gantz schlecht und naturel heraus kömmt. Diejenige, welche Figuren und Ausschmückungen nöthig hat, ist auff nichts als dieses gegründet, daß die meisten Leute ein gar kurtzes Nachsinnen haben, und die Sachen blos oben hin ansehen.

11.

Die Maximen dienen dem Gemüthe so viel, was ein Stab dem Leibe nütze ist, wann derselbe allzu schwach, sich von sich selbst zu erhalten. Diejenigen, welche einen grossen Verstand haben, welche alle Sachen in ihrem weiten Umbkreise erkennen, die haben dergleichen Anmerckungen nicht nöthig.

12.

Die grossen Reputationen, ein rechtschaffener Mann zu seyn, sind offtmahls mehr auff die Maniren gegründet und auff die grosse Kunst, rechtschaffen zu scheinen, als auff warhafftige und recht tüchtige Verdienste.

13.

Diejenigen, welche die wesentlichen Eigenschaften an sich haben, die einen rechtschaffenen Mann machen, und die da meinen, sie haben keiner Kunst nöthig, die verachten alle Maniren, seynd viel natureller, und dieser Ursachen halber viel dunckeler: dieweil die jenigen die davon urtheilen, haben andere Geschäffte, als sie zu untersuchen, und ästimiren sie nicht als bloß von aussen und nach ihrem euserlichen Scheine.

14.

Man ist kein vollkommen rechtschaffener Mann, als weil man eine grosse Erkäntnis und richtige Vernunfft hat, welche uns allezeit antreibet, die gerechteste und ehrlichste Partie in allen Handlungen des Lebens zu ergreiffen. Und es ist sehr ungereimt, wenn man boshaffte und malhonnete Leute wegen ihres grossen Verstandes lobet. Diese Personen haben nur ein Theil der guten Erkäntnüß, die in einigen Sachen sie glücklich zum Zweck gelangen läst; aber dabey sie in tausend andern unglücklich seynd.

15.

Die Tapferkeit dem Manns-Volcke; und die Keuschheit dem Frauen- Zimmer gegeben, als ihre HauptTugenden, und die sehr schwer zu *practiciren* seynd. Wann diese Tugenden nicht das *Temperament* oder die Anmuth haben, so sie unterstützet, so werden sie sehr schwach, und man opfert sie bald der Liebe dieses Lebens und denen Ergötzlichkeiten auff.

16.

Fast alle Herren sagen, daß alle Diener leichtfertige, völlige und rechte Haus-Feinde seynd. Wenn die Diener Herren würden, so würden sie desgleichen sagen. Offtmahls machet nur das Glück und nicht das Gemüth zwischen ihnen den Unterschied.

17.

Man bekümmert sich nicht so wohl darum, recht zu haben, als man sich bekümmert, Glauben zu machen, daß man recht habe. Dieses ist, was da verursachet, daß man mit solcher Hartnäckigkeit seine Meinung behauptet, und wenn man auch schon erkannt hat, daß selbige falsch sey.

18.

Die Irrthümer haben offtmahls in der Welt eben so eine lange Gültigkeit, als die allerwarhafftesten Meinungen: Denn indem man solche vor Warheiten annimmt, so fasset man auch gantz verblendet alles das jenige, was sie unterhält, und man verwirfft und verachtet alles das jenige, was sie über den Hauffen stossen könne.

19.

Die Verstellung und die Lügen seynd grosse Kenn-Zeichen der Schwachheit und der Dürfftigkeit des menschlichen Verstandes; als wie die falsche Müntze das Merckmahl der Armuth ist.

20.

Die von Profession geistlich sind, und ohne grosse Noth mit der Welt viel umbgehen, die sollen sehr verdächtig gehalten werden.

21.

Alle Andacht ist falsch, welche nicht auf Christliche Demuth und die Liebe des Nechsten gegründet ist: es ist offt nichts anders als ein Hochmuth eines philosophischen Verdrusses, der dafür hält, durch Verachtung der Welt sich wegen der Verachtung und des Mißvergnügens zu rächen, so er von selbiger empfangen hat.

22.

Die Andacht der Frauen, welche anheben alt zu werden, ist offtmahls nichts anders als ein Staat des Wohlstandes, umb der Scham und dem Hohne des Abganges ihrer Schönheit zu entgehen, und sich allezeit durch etwas Lobens würdig zu machen.

23.

Wie die Andacht eine blosser Dinges geistliche Empfindung ist, und welche von GOtt kömmt, so ist solche sehr zärtlich, und man muß sie gar sehr nahe und mit grosser Behutsamkeit wahrnehmen, umb sich darinnen nicht zu betrügen.

24.

Die höheste Staffel der Vollkommenheit des menschlichen Verstandes ist, seine Schwachheit, seine Eitelkeit, und sein Elend wohl erkennen. Je weniger man Verstand hat, je weiter entfernet man sich von dieser Erkäntnüß.

25.

Es ist eine leere Unwissenheit der Sachen, so weniger zu verachten, als diejenige Unwissenheit, die da mit vielen Irrthümern und ungeräumten Dingen angefüllet, die man offt in der Welt eine Wissenschaft nennet.

26.

Wenn man sich allzusehr denen Büchern und Meinungen der alten *submittiret,* als wenn solches ewige von GOtt offenbarete Warheiten wären, das verdirbet viel Köpffe, und macht viel *pedanten.*

27.

Ausser denen Sachen, welche die Religion betreffen, soll man allezeit sein Studieren und seine Bücher seiner Vernunfft unterwerffen, nicht aber seine Vernunfft denen Büchern.

28.

Man studieret offt mehr seinen Kopff zu Discursen anzufüllen und sich in der Welt hervor zu thun, als seinen Verstand zu erleuchten und zu erbauen, umb wohl von denen Sachen zu urtheilen.

29.

Diese Worte von der *Sympathie,* von dem *je ne scay quoy* (ein etwas das man nicht weiß) und von den *qualitatibus occultis* (verborgenen Eigenschafften) und tausend andere von dieser Gattung, die bedeuten nichts. Man betrügt sich, wenn man meinet, dadurch besser unterrichtet zu werden. Man hat sie erfunden, um etwas zu sagen, wenn man keine Ursachen eines Dings geben kan, und wenn man nichts mehr vorzubringen weiß.

30.

Man thut der Vernunfft mehr Ehre an, als sie nicht verdienet. Sie nimmt offt das jenige an sich, was man dem *temperament* schuldig ist: Sie hätte wenig Vortheile, wenn sie keine als nur rechtmäßige behielt.

31.

Es geschiehet sehr selten, daß die Vernunfft die Affecten heile. Eine Paßion heilet sich durch die andere. Die Vernunfft schläget sich offt auff die stärckste Seite. Es ist kein hefftiger Affect, welcher nicht seine Ursache hat, sich gültig zu machen.

32.

Die rechtmäßige und richtige Vernunfft ist ein Licht der Seele, welches ihr alle Sachen sehen läßt, wie sie an sich selbsten sind. Aber in dieser Welt seynd tausend Wolcken, welche sie umbgeben und verdunckeln.

33.

Man würde von seiner *Reputation* nicht so grosses Wesen machen, wenn man nur auf die Ungerechtigkeit der Menschen acht gäbe, die sie anwenden, solche zu befestigen, oder zu zernichten. Man muß sich bemühen, sich durch seine guten Handlungen deren würdig zu machen, und wegen des Successes keine grosse Sorge zu tragen.

34.

Eine allzugrosse Empfindlichkeit, wenn man sich geschmähet siehet, unterhält die Boßheit der Welt, welche nichts anders als dieses suchet.

35.

Eine grosse Unempfindligkeit, welche gar keine Masse hält, thut eben diese Würckung. Es ist eine Art der Verachtung, weßwegen die Welt sich rächet.

36.

Es ist ein Mittel und ein *Temperament* zwischen diesen beyden *Extremitéten,* so da machet, daß die Welt gewissen Handlungen einiger Personen nachsiehet, welche sie an ein[ig]en andern verwirfft: Dieses ist es, was die Ungleichheit unter Damen machet, die an Galanterie einander gleich sind: davon einige so beschrien sind, daß es einem schimpflich, mit ihnen umbzugehen, indeß daß die andern vor die Keuschesten passiren, ohne daß sich jemand an ihnen ärgert.

37.

Die Liebe, so einzig und allein in dem Gemüth zu seyn sich etliche einbilden, ist ein Betrug und ein erdichtet Wesen. Der Leib hat daran mehr Antheil als der Geist.

38.

Man darff sich nicht wundern, wenn einige Nationen, so nicht vom Glauben erleuchtet gewesen, aus der Liebe eine Gottheit gemacht haben: Ihre Würckungen und ihre Empfindungen seynd recht seltsam, ungewöhnlich, und scheinen übernatürlich.

39.

Die *Conversation* mit schönen Frauen ist viel gefährlicher vor die Seligkeit, als die allerverliebtesten Comödien. Die einen seynd das *Original,* deren die andern nichts als der Abriß oder die Copie; Die einen zeigen unsere *Affecten,* und die andern machen nichts mehr, als daß sie solche auffwecken und unterhalten.

40.

Man würde niemahls weder die Comödien, noch die Music lieben, wenn man niemahls verliebt gewesen wäre, noch andre *Affecten* gehabt hätte.

41.

Man vermeinet offt, daß man eine vom Glück erhöhete Person gantz auffrichtig und aus reiner Freundschafft liebe. Aber man kan dessen nicht versichert seyn, als wenn solche von seiner Glücks-Staffel heruntergestossen, und aller ihrer Gewalt beraubet ist. Alsdenn erfähret man erstlich, wie es mit solcher Freundschafft gehalten. Wenn das Interesse deren Grund wäre, so unterhält sie die Ehre einige Zeit, und endlich wird sie müde, dieselbe länger zu unterstützen.

42.

Die Erkäntlichkeit ist kluger und geschickter Leute ihre Tugend.

43.

Die Undanckbarkeit ist schlimmer und unverständiger Köpfe ihr Laster.

44.

Es gibt solche Leute, welche keine Bücher gelesen, und mit ihrem guten natürlichen Verstande in den Sachen, die auffs blosse *raisonniren* ankommen, viel klüger seyn, als gewisse Gelehrte, die vollkommen in Büchern studiret haben.

45.

Der gute Verstand muß der Schiedsmann der alten und neuen Reguln seyn; alles was nicht mit ihm einstimmig, das ist falsch.

46.

Die Natur ist denen Weltweisen als ein grosses Rätsel gegeben, wovon ein jeder seine Meinung giebet, davon er sein *Principium* machet. Derjenige, der durch dieses *Principium* auff das deutlichste von vielen Sachen Ursachen gibt, kan sich zum wenigsten rühmen, daß er die wahrscheinlichste *Opinion* habe.

47.

Der Schmertz des Leibes ist das eintzige U[e]bel des Lebens, welches die Vernunfft weder heilen noch schwächen kan.

48.

Das Glück theilet gantz blind und nach seiner eigenen Caprice die Partien aus, welche ein jeder auff dem grossen Schauplatz dieser Welt spielen soll. Welches die Ursache ist, daß [es] so schlechte Agenten giebt, dieweil es sehr rar, daß darauff die Leute die Personen vorstellen, die ihnen zukommen. Oder, Christlicher zu reden, dieses Glück ist nichts anders als die göttliche *Providenz,* welche diese Unordnung aus uns unbekannten Ursachen zuläst.

49.

Die Vernunfft und die Erfahrung müssen zu Eröffnung natürlicher Dingen beysammen stehen.

50.

Wenn die offtere Betrachtung des Todes uns nicht fromm machet, so soll sie uns doch zum wenigsten mehr mäßig, weniger geitzig, und weniger ehrsüchtig machen.

51.

Alles ist ohngefehr in dem Leben; selbst die Geburt. Nichts als der Todt ist gewiß: und gleichwohl wandeln wir also, als ob er allein ungewiß wäre.

52.

Das Leben an sich ist gut, und das allergröste Guth von der Welt, aber das am übelsten gespahret wird. Wir müssen uns über unsere Unordnung, und nicht über dasselbige beklagen.

[...]

Nicolaus Hieronymus Gundling

Gundlingiana,

**Darinnen allerhand
Zur Jurisprudentz, Philosophie, Historie,
Critic, Litteratur, und übrigen Gelehrsamkeit
gehörige Sachen abgehandelt werden**

[1715–1732]

Anmerckungen von Silber, Gold und Geld

[...]

§. I.

Ich schreibe deßwegen von dieser *Materie,* weil Herr *D. Branchu* in Holland in seinen *Observationibus cap. XII. Tom. II.* etwas davon auf das *Tapet* gebracht, nachdem ihme darüber und wider die gemeine Meynungen einige Zweiffel eingefallen, welche ihn verunruhiget; dabey er aber Gelegenheit gegeben, allerhand zubemercken, welches dieses *Thema* erläutern kan.

[...]

§. XXIII.

Ein *Affect* zeuget den andern. Wer Gold und Silber hat, kan nun alles haben. Es ist kein *Affect,* der durch das Silber und Gold nicht könte erwecket und erhalten werden. Also ist wohl offenbahr, daß, wo einmahl Silber und Gold den höchsten Preiß erhalten, selbiges von jederman mit allen Kräfften und allen Vermögen gesuchet worden: mithin ist der allgemeine Nutzen mit dem höchsten Werth dieser Metalle verknüpffet.

§. XXIV.

Das Nützliche ist etwas fruchtbares. Darum würcket ein Nutzen den andern. Wer auch nichts anderes, als Silber und Gold hat, dem fehlet nichts. Er kan ordentlicher Weise alles bekommen, theils von seinen Mitbürgern, wo er wohnet, theils von seinen Nachbarn, theils von entlegenen Völckern. Der einige Einwurff, welcher daher genommen wird, daß gleichwohl einige Völcker Silber und Gold in *abundanz* gehabt, und also solches nicht so hoch *æstimiren* können, ist von keiner sonderlichen Schwürigkeit. Dann wir haben erst von den Völckern in der *Levante* geredet, von welchen nach und nach die Europäische Welt bevölckert worden. Die *Phœnicier* haben die grössesten Reisen gethan; und solches Metall gesuchet. Die andern haben davon noch nichts gewust, oder auch nicht viel wegen ihrer *simplen* und schlechten Lebens-Art gebrauchet; und indessen andere Dinge zu *æstimiren* angefangen, welche sie vor diese Metalle haben können. Derowegen haben sie endlich auch erkandt, von was vor einem Werth ihre Schätze seyn, als wofür sie alle andere künstliche und rare, und zur Nothdurfft und Bequemlichkeit, und *plaisir* tüchtige Dinge haben können.

§. XXV.

Der Mensch aber ist so geartet, daß, was seiner Fleisches-Lust, Augen-Lust, und hoffärtigem Leben hülffliche Hand bietet, er so gleich erkieset. Nun aber haben sie erfahren, daß sie dadurch ihrer Phantasie und Begierden helffen, und dieselbe befördern können; also hat es wohl nicht anders seyn können, als daß sie ihre Metallen höher zuschätzen angefangen. Die Begierden aber sind unendlich; die Einbildungen unterschieden, nach welchen sich andere wiederum *accommodiren,* welche von denen, so Silber und Gold in grosser Menge haben, selbiges zuerhalten trachten. Darum haben sich *ingenieuse* und künstliche Leute beflissen, dergleichen Völckern nicht nur nothwendige, sondern auch allerhand bequeme und neue Sachen vorzulegen. Denen Americanern haben die Nürnbergische Spiegel, und derselben rauschendes Flitter-Gold ihr wahres Gold abgelocket. Die Mohren in Africa geben ihren Gold-Sand für Toback, leinen Gezeug, Corallen, Bernstein und anderes mit Freuden weg und erkennen also dabey, daß ihr Gold-Sand nicht ohne sonderbahren Nutzen und Frucht sey. David und Salomon machten sich eine Handlung nach Arabien, Persien, Indien, Africa; und über den Arabischen *Golffo* nach *Tarsis* und *Ophir.* Die Hafen an dem Elamitischen Meer, das ist, dem Arabischen Meer-Busen *Elath* und *Gensiogeber* sind bekandt. *Ophir* mag nun die Insul *Ceylon,* ehemahls *Taprobana* genandt, oder *Zocotara* nicht weit von der Meer-Enge *Babel* Mandel, oder auch die heutige so genandte Salomonischen Insuln gewesen seyn, oder nicht: Genug, daß die letzte sehr weit von *Elath* entlegen, und die Flotten erst nach dreyen Jahren wieder kommen können. Nur sehen wir inzwischen daraus, daß diese beyde Könige zu Jerusalem Gold, Silber und Edelsteine so hoch gehalten, als die Tyrier und Sidonier; folglich hat man sich nicht zu verwunden, daß sich der *estim* solcher Metallen, durch der *Phœnicier* und Morgenländer Handlung und Schiffahrt, immer je mehr und mehr ausgebreitet.

§. XXVI.

Dann obschon die Völcker, welche gegen Mitternacht wohnten, von allen diesen Metallen keinen Begriff hatten; sondern ihre Schafe und Aecker weit höher gehalten; auch aus dem *Homero* zuersehen, daß in dem Obern Theil von

Griechenland ein gleiches *obtiniret*; und der wahre Reichthum in Land, Vieh und Getreyd bestanden; so ist es doch endlich fast allenthalben dahin gediehen, daß man diese Metalle sich belieben lassen, und darnach fleißig geforschet. Die Ursache ist vor Augen. Denn wer lüstrend wird, und sich frembde und ausländische Dinge gefallen lässet, der muß dasjenige zuerlangen trachten, was den Ausländern gefället. Und diese Metallen gefielen nun allen Ausländern; folglich liessen sich auch die sonst *simple* Völcker endlich Gold und Silber gefallen.

§. XXVII.

Derohalben wann gefraget wird, was doch die Ursache des fast bey allen befindlichen *estims* von Silber und Golde sey; so kan man nicht so geschwinde und auf einerley Art antworten: *Utilitas, utilitas*. Denn diß ist zwar jetzund die *caussa proxima*, oder näheste Ursache, aber nicht die entfernte, wodurch der erste Ursprung bekandt wird. Noch viel weniger aber kan man sagen, weil Abraham und Jacob die Cananiter, die Chaldäer, die Aegyptier sich solche Metalle gefallen lassen; sondern weil die Führnehmsten unter den Morgenländischen Völckern sich dadurch *distinguiret*. Daher ist eine Nachahmung entstanden; und diese Nachahmung hat sich nicht nur allein unendlich erweitert und vermehret, sondern auch neue *Affecten* zuwege gebracht: welche *Assemblage* von *Affecten* die Lateiner *luxum* nennen, das ist, den Pracht, und U[e]berfluß an Essen, Trincken, Kleidern, Bauen; woran weil die meisten Menschen sich gewöhnet, oder darnach sich sehnen, als bleibet Silber und Gold so lange in Ehren und hohen Werth. Und solcher gestalt kan die gantze Sache aus einem *enchainement* vieler Ursachen hergeleitet und verstanden werden, und ist keines weges nothwendig, daß man auf ein *Institutum artificiale* falle, oder *pactum*. Warum aber die meisten Lehrer solches gethan, ist bereits oben gezeiget, und darff man jetzund dazu setzen, was *Albericus Gentilis de Jure Belli Lib. I. c. I.* bemercket: *Quod successive placere omnibus visum est, id totius orbis decretum & consilium fuisse existimatur.*

§. XXVIII.

Ein gantz neues *thema* aber ist es, warum man Silber und Gold gepräget und gemüntzet? Und daran hat die Bequemlichkeit schuld, die Vermehrung des Handels und Wandels, die Beschiffung der Welt, die Erkändtnüß vieler tausend sonst unbekandten natürlichen Dinge und deren Gebrauch, die Künste und Wissenschafften, der Profit grosser Herrn und *Republiquen*. Wobey man sich doch wohl fürzusehen, daß man sich nicht berede, es sey dergleichen Gebrauch auf einmahl entstanden. Die Nachahmung will eine Zeit haben. Also fället auch hier das eingebildete *pactum* weg.

§. XXIX.

Hiernächst ist erst zuerklären, was *Müntzen* heisse. Dann daß auf dem Silber und Gold ein Zeichen sey, diß machet noch keine Müntze. Ein jeder kunte sein Gold und Silber bezeichnen, und darauf setzen, wie viel es w[i]ege. *Privat*-Leute aber haben keinen sonderlichen *Credit*. Der Eigennutz und Betrügerey ist den bösen Menschen natürlich. Die Frommen aber müssen mit des *Diogenis* Laterne gesuchet werden. Derowegen muste man alles erst nachwägen, wann es gleich eigenmächtig bezeichnet worden. Was aber ein gantzes Volck, oder diejenige, so das Volck *repræsentiren*, bezeichnen lassen, und noch dabey dem Werth davon und das Gewichte anzeigen, darauf setzet man ein grösseres Vertrauen: und also höret das Abwägen gemeiniglich auf, daferne nicht ein neuer Argwohn von beschehener Verfälschung entstehet.

§. XXX.

Alldieweil nun aber dadurch der Handel und Wandel leichter gemachet worden; und dann was das *Commerce* erleichtert, dasselbe vermehret, anbey Silber und Gold sich theilen lässet; in grossen bevölckerten Städten und Landen aber sich nicht jederman von Ackerbau und Viehzucht ernehren kan, noch die Künstler und weise Leute, Lehrer und viele tausend Menschen des ersten und ältesten Reichthums theilhafftig werden können; und ihre *Subsistenz* auf keine andere Weise, als durch gemüntztes Gold und Silber bequemlich erhalten können; als ergiebet es sich von sich selbsten, daß das Geld so lange bestehen müsse, als Städte und Flecken, Dörffer, Künstler, Handwercker und Lehrer seyn; oder sonsten nicht eine *Revolution* in der gantzen Welt, und in den so beliebten Metallen entstehet.

[...]

Joachim Christoph Nemeitz

Vernünfftige Gedancken

Ueber allerhand
Historische / Critische und Moralische Materien,
Nebst verschiedenen dahin gehörigen Anmerckungen

[1739–1745]

Vermischte Anmerckungen

§.

Der Verstand des Menschen ist eine Gabe GOttes, welche in der Welt nicht grösser seyn kan. Denselben hat der Mensch vor die unvernünfftige Geschöpffe zum Voraus. Man stelle sich einen recht einfältigen Tropff vor; wird man nicht befinden, daß zwischen jenen und ihm eben kein so grosser Unterscheid seye; So glückselig nun der Mensch durch den rechten Gebrauch seines Verstandes sich schätzen kan, so viel Unglück und Widerwärtigkeiten ziehet sich derjenige über den Hals, welcher seinen Verstand mißbraucht, und denselben zu allem Unheil anwendet.* Was sind die sogenante *Esprits forts* nicht für unglückliche Leute?** Auch noch in dieser Welt leben sie in steter Gemüths-Unruhe, und nach dem Tode wissen sie nicht, wie es ihnen ergehen werde. Wie manche grosse *Ministers* haben durch ihre *Simulationes, Dissimulationes, Intriguen,* überhaupt durch

* *Syr. XXI, 15.* Einige sind vernünfftig gnug, richten aber damit viel Unglücks an. *Il y a de Gens, qu'a force d'avoir de l'esprit, n'ont pas le sens commun,* schreiben die *Sorberiana* p. 81.

** HIERON. CARDANUS, z. E. PETRUS POMPONATIUS, JOH. TOLAND, JULIUS CÆSAR VANINI, und andere.

Diese Karte entnahm ich dem Buch

Haben Sie dieses Buch

☐ gekauft ☐ geschenkt bekommen?

Was war für Ihre Kaufentscheidung ausschlaggebend? (Mehrfachnennung möglich)

- ☐ Beratung in der Buchhandlung
- ☐ Präsentation des Titels in der Buchhandlung
- ☐ Prospekte / Verzeichnisse
- ☐ Rezensionen / Bücherlisten
- ☐ Empfehlungen durch Freunde und Bekannte
- ☐ Umschlag / Ausstattung
- ☐ Themen
- ☐ Werbung / Anzeigen

Ihre Altersgruppe?

- ☐ bis 30 Jahre
- ☐ 30 – 45 Jahre
- ☐ 46 – 60 Jahre
- ☐ über 60 Jahre

Welche Zeitungen / Zeitschriften lesen Sie regelmäßig?

- ☐ SZ
- ☐ FAZ
- ☐ DIE ZEIT
- ☐ NZZ
- ☐ Der Spiegel
- ☐ Focus
- ☐ taz
- ☐ Stern
- ☐ Die Woche
- ☐ Brigitte
- ☐ örtliche Zeitungen
- ☐ ______

Welche Themen unseres Programms interessieren Sie?

- ☐ Alte Geschichte (1037)
- ☐ Mittelalter (1038)
- ☐ Neuere Geschichte (1039)
- ☐ Zeitgeschichte Politik (1040)
- ☐ Theologie / Philosophie (1012)
- ☐ Kunst / Kunstgeschichte (1015)
- ☐ Belletristik (1042)
- ☐ Literaturgeschichte (1013)
- ☐ Islam (1016)
- ☐ Judaica (1017)
- ☐ Gesundheit / Medizingeschichte (1041)

allerhand List und Räncke, sich nicht selbst gestürtzet, und ins Elend gebracht?[a] Viele haben ihrem Glück selbst im Wege gestanden, weil sie zu viel bösen Verstand von sich blicken lassen.[b] Verschiedene Gelehrte, insonderheit Poeten,[c] sind *exilirt* worden, indem sie ihren Verstand nicht in gehörige Schrancken haben halten können. Wer die Welt kennet, der wird gestehen, daß mancher mit mittelmäßigem Verstande weiter gekommen, als ein ander, der eine grössere *Dosin* davon gehabt, und sich daher über alle andere empor schwingen wollen. *Dans certains une Mediocrité d'esprit les rend sages, le defaut de cette Mediocrité les rend stupides, l'excès les rend foux,* schreibt der *Autor* des Tractats *l'Homme & le Siecle P.II. C.II. p. 330.*

§.

Der *Autor* der *Observation* in den Teutschen *Hallischen Anmerckungen* hat unrecht, wann er *T.II. p. 161.* die Schrifften in *Ana* mit der Teutschen ihrer lustigen Gesellschafft in eine *Classe* setzt. Seine Worte sind: Die Bücher in *Ana* können denen Frantzosen eben sowohl zur Ergetzung dienen, als den Spaniern ihre *Floresta,* und des ANTONII PEREZ *Aphorismi;* denen Italiänern ihre mannigfaltige *Facetie, Motti argute, Burle;* und denen Teutschen ihre lustige Gesellschaft, kurtzweilige Schergeiger, gepflückte Fincken, oder Studenten-Confect etc. Es ist nicht ohne, die so genannte Schrifften in *Ana* sind nicht alle von gleichem

[a] Der Duc d'OLIVAREZ, der Cardinal ALBERONI, der Graf von HOYMB, und andere, und die es noch so *subtil* machen, denen trauet man doch nicht, wie es z. E. unter andern dem Marquis de BONAC in der Schweitz ergangen. S. die *Memoires* des Marquis D'ARGENS *L. II p. 112.*

[b] Der *Comte de* BONNEVAL, als er noch in Kayserlichen Diensten war.

[c] OVIDIUS ward ins Elend geschickt; LUCANUS muste durch Oeffnung der Adern sich zu Tode bluten; ROUSSEAU und VOLTAIRE bekamen *Lettres de cachet,* sich von Paris zu entfernen, *etc.*

Schrot und Korn. *Sunt bona mixta malis*. Einige darunter sind schlecht, andere mittelmäßig, andere aber vortrefflich, nachdem nemlich die *Autores* und *Collectores* derselben Verstand und Wissenschaft gehabt. Allein dieselbe überhaupt so gar herunter zu machen, und sie mit der lustigen Gesellschaft und andern nichtsnutzigen *Chartequen* zu vergleichen, scheinet entweder ein Vorurtheil, oder eine Unwissenheit, und daß man solche nicht gelesen, zum Grunde zu haben. Ich habe die meisten von diesen Schrifften mit Fleiß durchgeblättert, und kan bezeugen, daß ich zuweilen von Staats-Historisch- und Gelehrten Sachen solche *Particularia* darinnen gefunden, die man in andern grossen Wercken offt vergebens sucht. Der Titul von *Ana* gibt oder benimmt ihrem Werth nichts. Man hätte sie nennen können: *Observationes,* Gedancken, *Miscellanea, Memoires,* und dergleichen; wie man dann auch vor nicht gar langer Zeit bey uns angefangen, nach Art der Frantzosen, Teutsche *Memoires* oder Sammlung verschiedener Anmerckungen, welche von einigen *Civil-* und *Militair-*Personen, und von andern gelehrten und erfahrnen Männern aufgezeichnet hinterlassen worden, zu Leipzig heraus zu geben, welchen man ebenfalls füglich den *Titul* von *Ana* geben können. U[e]brigens ist der Geschmack der Leute unterschiedlich. Einer liebt diese Kost, ein anderer wieder eine andere.* Der *Autor* obiger *Observation* mag vielleicht der Frantzösischen Sprache nicht mächtig gewesen seyn, oder an dergleichen *Literatur* kein Belieben gehabt haben; und also sind ihm solche Sachen abgeschmackt vorgekommen, woran andere ein besonders Vergnügen finden.

[...]

* Gar vernünfftig schreibt GASSENDI *Object. Quint. ad Renat. Cartesium p. 55. sub fin.* [...]

§.

Es ist nicht glaublich, was vor Fehler und *Bevuën* man begehen, und wie man sich lächerlich machen könne, wenn man den *Accent* der Sprache, die man redet, nicht hat, und die Eigenschafft derselben nicht aus dem Grunde versteht. Denen Spaniern und Italiänern kommts insonderheit sehr schwer an, das Frantzösische *U* auszusprechen. *Don* QUIROS, vormahliger Spanischer Gesandter im Haag, sagte einsmahls, als er in einer zahlreichen Gesellschaft vor einem grossen Camin-Feuer saß: *Voilà un grand fou,* für *un grand feu;* und eben traff sichs, daß jemand von ziemlich langer *Statur* dabey stund, der sich dadurch beleidigt finden wolte. Die Königin MARIE de MEDICIS, und der Cardinal MAZARIN blieben bey ihrem *ou,* wann sie Frantzösisch sprachen. Die Frau BAUTRU nennete sich deswegen *Nogent,* ob sie gleich mit dem Herrn *Bautru* bereits verheyrathet war, weil sie sich von der Königin nicht wolte *Madame Bautrou* heissen lassen; und der Cardinal *pronunciirte* das Wort *union,* nach seiner Mund-Art, allezeit als *oignon,* worüber dann bey den Anwesenden öffters ein Gelächter entstund. Der *Autor* der *Lebens-Beschreibung des Italiänischen Comödianten, Scaramouche,* berichtet *C.XXIII.* daß er zu *Chamberi* mit einem der dasigen Zoll-Bedienten in Händel gerathen, weil er zu denselben gesagt: *Mr. le Maître Boureau* (für *Bureau*) *rendez moi mes bardes;* und zu *Lion* habe er *poison* für *poisson,* und *broche,* welches eine Art Kuchen ist, vor *brochet,* einen Hecht gefordert. Ein anderer Italiäner, welcher auch *boureau* für *bureau* aussprach, und darüber *corrigirt* wurde, warff den Fehler davon auf einige Gasconier, und sagte: *Quei Casconi, che sono in casa, mi guastono l'accento;* diese Gasconier, die im Hause sind, verderben mir den *Accent.* Die *Lettres curieuses sur divers sujets* erzehlen *T.II. Lettr.18. p.m.138.* es habe ein gewisser Italiäner einsmahls zu einer *Dame* gesagt: *Je ne me lue point, ma je vous assoure, que je souis plous étroite que vous;* worauf ein anderer Italiäner gesagt: *Che bestia, comme parla francese, dite, dite più sottile.* Einer so gut, wie der andere. Ich kenne einen gewissen fremden *Minister,* der wolte sagen: *J'ai chaud,* und sagte dafür: *Je suis chaud;* und ein anderer von meinen Bekannten wolte eine *Dame,* die unglücklich spielte, beklagen, und sagte: *Madame, vous êtes une grande malheureuse,* anstatt: *Vous jouez bien malheureusement, etc.*

§.

Ein *Jurist,* wann er kein redliches Gemüth hat, wird durch das Recht ein böser Christ. Das Recht an sich selbst ist gut, wann es von einem ehrlichen Manne gehandhabet wird; von einem leichtfertigen und bösen Gemüth aber wird es wie eine wächserne Nase[**] gedrehet, dergestalt, daß das gröste Recht zuletzt das gröste Unrecht werden muß. Und das kommt, meines Erachtens, unter andern auch von der bey den Rechts-Gelehrten gebräuchlichen *Methode* her, da sie sich gewöhnen müssen, alle Sachen *per rationes dubitandi & decidendi* zu tractiren; da dann keine Sache in der Welt, die nicht *in utramque partem* einiger Massen ventilirt, oder doch wenigstens derselben ein Färbgen angestrichen werden solte. Ist also das Recht in der Hand eines redlichen Mannes, wie ein Palmzweig; in der Hand eines *Rabulisten* oder Zungendreschers, wie ein zweyschneidig Schwerdt, oder wie der *Autor* der *Reflexions historiques & politiques sur les Moyens, dont le plus grands Princes & habiles Ministres se sont servis pour gouverner & augmenter leurs Etats C. II. p. m 67.* schreibt: *Le Droit est comme une glaive, dont on peut user & abuser, comme la lance de Telephe, qui peut blesser & guerir; comme cette Diane d'Ephese, qui avoit deux faces, l'une triste & l'autre joyeuse; enfin, comme ces*

[**] *Cons. hic* PINELLI *Tractat* von der wächsernen Nase der *Justiz.*

Medailles, qui portent la face d'un Pape & d'un Diable sous mêmes contours; ou bien, comme ces Tableaux, qui représentent la vie & la mort, suivant qu'on les regarde d'un côté ou d'un autre.

§.

Nichts ist unvernünfftiger, als einen andern *forciren* zu wollen, daß er glauben soll, was ich glaube. *In Republica literaria, nec non in communi vita, quilibet debet habere libertatem sentiendi;* welches jedoch in gewissen Schrancken bleiben muß. Der Herr de la ROCHEFOUCAULT war, nach dem Zeugniß des Herrn SEGRAIS in seinen *Memoires T. I. p. 170.* hierinnen eines sehr gelassenen Gemüths. Wann jemand eine Meynung hatte, die mit der Seinigen, die er jedoch für gut hielte, nicht überein kam, sagte er nur: *Mein Herr, ihr habt diese Meynung, und ich eine andere;* und dabey bliebs, ohne daß man sich weiter darum zanckte. Der berühmte Cardinal CUSANI*** schreibt in einem seiner Briefe an einen guten Freund *latinis verbis:* Er wäre nun-

*** Er war Bischoff zu Brixen, und aus dem Dorff Cuse an der Mosel im Trierischen gebürtig. Dieses Dorff liegt etwas oberhalb Berncassel, einem Chur-Trierischen Städtlein, auf der andern und lincken Seite des Mosel-Stroms an dem Weg nach Trier; das von gedachtem Cardinal gestifftete Hospital aber etwas unterm Dorff, und Berncassel fast gegen über. Von der Herkunfft desselben ist die bekannte *Tradition* an dem Orte und in der Gegend, daß sein Vater ein Fischer daselbst gewesen, welcher diesen seinen Sohn einsmahls, um sich seiner bey seinem Handwerck zu bedienen, in einem Nachen auf dem Strom mitgenommen, da er ihm aber nicht *pariren* wollen, deswegen Schläge bekommen, und als der Vater auf der andern Seite an Land gefahren, aus dem Nachen heraus gesprungen, und davon gelauffen, worüber er den Hut im Stich gelassen, welcher nachgehends in einem dazu erbaueten sogenannten Heiligen-Häußgen dicht an dem Weg von Berncassel nach Mühlheim und Dusemund in dem Amt Beldentz zum Andencken lange Zeit aufbehalten worden, oder wohl gar annoch daselbst aufgehenckt zu sehen ist.

mehro gantz müde von *disputiren,* so daß er auch gar auf diese Weise antworten wolte, wann ihm jemand ein so absurdes *Argument* vorlegte:

Omnis homo currit, Resp. *Lasciato lo correre,* laß ihn lauffen;

Atqui Petrus non currit, Resp. *Lasciato lo stare,* laß ihn stehen;

E[rgo] Petrus non est homo Resp. *mà, ch'importa à mi,* aber, was bekümmert michs?

§.

In den *Miscellaneis Leibnitianis* wird *p. 146.* gemeldet, *non libenter scripsisse Rudbeckium (Prof. Upsal.) latina lingua, libentius germanica;* soll vielmehr heissen, *germana,* nemlich der Schwedischen, als seiner Mutter-Sprache; dann der Teutschen Sprache war er nicht so mächtig, daß er darinnen schreiben konte.

§.

Das Latein wird heut zu Tag so verschiedentlich ausgesprochen, daß CICERO selbst, wann er wieder aufstehen, und die Lateinische Reden verschiedener *Nationen* anhören solte, alle Mühe haben würde, dieselbe zu verstehen, obgleich das Latein von vielen noch eben so rein geschrieben wird, als zu seinen Zeiten. Eine jede *Nation* ziehet solches nach ihrer Mund-Art. Die Italiäner und Teutsche sprechen es so aus, wie mans schreibt, ausser daß es diese letztere, sonderlich in Ober-Teutschland, etwas hart *pronunciiren,* und für *mundus,* *muntus,* für *imbellis,* *impellis,* für *virgo,* *firgo,* sagen. Die Frantzosen sprechen schon *Sisero,* für *Cicero,* *Dominüs,* für *Dominus,* *wobis* für *vobis, etc.* und mit diesen kommen auch die Schweden, was das *u,* wie auch das *ce, ci,* betrifft, überein. Die Engelländer sagen wiederum *meihei* für *mihi, queibus* für *quibus*. Wer wolte wohl das Latein verstehen: *Erme veuromqui kéno Trodjé quey preymeus habb oris,* daß es so viel heissen soll, als: *Arma virumque cano Trojæ qui primus ab oris?* Die in der *Normandie* sagen, *voluntatam, mantam,* an statt *voluntatem, mentem;* und die Gasconier, *Vourdeaux,* an statt *Bourdeaux*. Die Niederländer verwechseln das *S* mit dem *Z,* und sagen *zed,* für *sed;* verschlucken auch die Sylben, als *libros,* für *liberos; littra* für *littera; opra,* für *opera*. Die Polen *pronunciiren quanfam,* pro quanquam; agfa pro aqua; und die Bayern *Poter,* für *Pater; ponem,* für *panem*. Nach des SCIOPPII seiner Meynung solte man dieses Latein: *In Latio decus pronunciationis & eloquentiæ est Cicero,* folgender Massen aussprechen: *In Lathio decous pronunkiathionis & eloquentiæ est Kikero,* etc.

[...]

Abraham Gotthelf Kästner

Vermischte Schriften

[1772]

Prosaische Aufsätze

[...]

XVIII.
Ueber eine Stelle aus Lucas Cranachs Grabschrift

Diese Grabschrift wird aus den Sammlungen zur Geschichte Thüringens, besonders der Stadt Weimar; 1. Samml. in den Hallischen [Neuen] gel[ehrten] Zeit[ungen] den 4. Jul. 1771. angeführt. Der Verfasser der Abhandlung über das Leben und die Kunstwerke Luc. Cranachs (Hamb. u. Leipz. 1761.) hätte sie in seinem 9. Absatze mittheilen sollen, statt der Grabschrift des Sohnes des Mahlers, die zu seiner Absicht weniger gehörte.

L. C. heißt in dieser Grabschrift: *pictor celerrimus.* Der H[allische] Z[eitungs-Verfasser] sieht es mit Grunde für eine Abkürzung von *celeberrimus* an. Indessen heißt doch zu unsern Zeiten mancher Schriftsteller *celeberrimus,* der in der That *celerrimus* ist.

XIX.
Das schläfriche Annchen

Annchen fing nun auch an in die Schule zu gehen, denn, weil die drey Schwestern den kleinen Bruder auf ihre Gelehrsamkeit eifersüchtig machen sollten, so hatte Annchen hohe Zeit, daß es anfing lesen zu lernen, wenn Christoph schon lateinische Wörter lallte.

Annchen ward aber in der Schule allemal schläfrich, und es war kein Mittel sie zu ermuntern, als daß man sie herausließ. Ihr Vater, schalt sie darüber. Doch ein Mensch, der von unterschiedenen Wissenschaften, soviel gelernet hatte als nöthig war, über alle zu spotten, sagte zu ihm: Wissen Sie denn nicht, daß eine Arzney in geringer Dosis bey einem Kinde das thut, was sie bey Erwachsenen erst in größerer Menge verrichtet? Und wundern sie sich, daß Annchen schon beym *Abc* nickt, wenn wir, erst bey verliebten Oden gähnen, über gelehrten Abhandlungen schlummern, und in heiligen Reden einschlafen?

XX.
Die Erdschwämme

Wir Römer sind doch rechtschaffene Leute! sagte ein Soldat, zu einem Bundsverwandten Deutschen. Romulus und Remus, des Kriegsgottes Söhne, haben unsere Stadt gegründet: Aber Ihr Deutsche, wißt nicht wo ihr herkommt, und seyd in eurem Lande wie Schwämme aus der Erde gewachsen.

Was? antwortete der Deutsche, und grif an sein Schwert; Thuiston und Mann, unsere Ahnherrn, sind wohl so gut als ein paar Hurkinder eines Gottes!

Nun Camerad, (es war im Lager scharf verboten Händel anzufangen) ich habe nicht deine ansehnliche Nation gemeynet, sondern die Esthier und Fennen, und die Wilden an deren Land der nordliche Ocean spielt.

Und weil von diesen Völkern, niemand zugegen war, so wurden die beyden eins, daß die Esthier und Fennen Erdschwämme wären.

Daß oft zwischen Völkern Streitigkeiten entstanden sind, deren Ursprung nicht viel wichtiger gewesen ist als dieser ihrer; daß sie nicht so bald, als die erwähnte beygelegt worden sind, aber auch manchmal auf Unkosten eines Dritten, der sich nicht verantworten konnte, das ließe sich durch viel wahre und neuere Beyspiele aus dem Völkerrechte beweisen.

XXI.
Ueber die Vorsichtigkeit der englischen Jurisprudenz

Als die m – Erben Geld aus Engelland sollten ausgezahlt bekommen, ward ein Formular der Quittung mitgeschickt, wie solche die Wittwe als *Vormünderinn* ihrer Kinder ausstellen sollte; es waren eine Menge Clauseln hineingesetzt; an die einzige Kleinigkeit war nicht gedacht: daß sie zugleich *Miterbin* war. Dieß machte mir ähnliche weise Einrichtungen der englischen Rechtsgelehrsamkeit glaubwürdig, über die ich zum Theil in Fieldings Romanen gelacht hatte; und erinnerte mich an ein deutsches Sprichwort: «Das Tuch bey allen vier Zipfeln anfassen» welches ich so ergänzte: «Aber nicht wahrnehmen daß es in der Mitte ein Loch hat, wodurch alles herausläuft.»

XXII.
Beweis daß die Astronomie tolerante Gesinnungen giebt

Riccioli, ein Italiäner, und ein Jesuit, gab den Protestanten, Tycho und Keplern, Plätze, ich weiß nicht ob im Himmel? aber doch im Monde.

Und zur Dankbarkeit, wenn die Jesuiten überall vertrieben würden (welches ich, als es viel Leute ihrer Religion, hoften, nie gemuthmaßt habe,) so würden doch welche im Monde bleiben!

XXIII.
Die verlohrne Schraubenmutter

Aber, warum heyrathen Sie denn nicht wieder? fragte ein guter Freund den Phaon.

Phaon, hatte eben ein mathematisches Instrument in Händen, und voll Aufmerksamkeit darauf, vergaß er die Frage zu beantworten. Sehen Sie, sagte er, da ist mir von diesem Schräubchen die Schraubenmutter verlohren gegangen, das ist mir doch verdrüßlich, ich kann nun das ganze Instrument nicht brauchen, weil ich da nicht zuschrauben kann.

Je nun! Sie kriegen ja wohl eine andere Schraubenmutter dazu.

Nein, es paßt mir sonst keine für diese Schraube.

So lassen Sie andere Gänge darein schneiden.

Gehorsamer Diener! Wenn man ein paar neue Schrauben zusammen einrichtet, so geht es ganz wohl an, ihre Gänge in einander zu passen, aber eine alte Schraube leidet keine Aenderung ihrer Gänge ohne Beschädigung. Und nun wissen Sie auch warum ich nicht wieder heyrathe.

XXIV.
Ueber den Anfang der *Interpretation de la nature*

Jüngling, nimm, und lies! oder wie es in der Grundsprache lautet: *Jeune homme prens, et lis!*

So fängt sich eine französische Schrift an, die viel Aufsehens gemacht hat.

Der deutsche Hofcavalier, bewundert in diesem Anfange wie kurz, zierlich, und nachdrücklich, sich der Franzose, und nur der Franzose! ausdrücken kann.

Der deutsche Gelehrte, erinnert sich in seiner Jugend so was exponirt zu haben? schlägt nach, und findet: *Veni puer disce sapere;* den Anfang des Orbispictus.

XXV.
Parallele zwischen dem Sokrates und mir

Des Sokrates Vater war ein guter Bildhauer und hielt seinen Sohn auch zu seiner Kunst an: Und mein Vater war ein nützlicher Rechtsgelehrter, und ließ mich auch Jura studiren.

Lucian, oder sonst ein Alter sagt an einem Orte: Es sey Athen mehr daran gelegen gewesen, viel gute Steinmetzen zu haben, als viel Philosophen, gleichwohl habe Sokrates ganz wohl gethan, daß er kein Steinmetz geworden sey.

XXVI.
Arithmetische Anmerkung über eine Stelle aus dem Gil Blas de Santillane II. Buch 4. Cap.

Als Gil Blas unter dem Doctor Sangrado die Arzneykunst trieb, bekam er für seine beyden ersten Besuche bey Kranken, zwölf Realen. Er vertrank vier davon und brachte nur acht nach Hause. Acht Realen für zweene Besuche? sagte der Doctor, das ist nicht viel! Doch man muß alles nehmen. Er nahm auch in der That fast alles, sechs Realen und gab dem Gil Blas zween. Da, Gil Blas, fuhr er fort, das nimm zum Anfange. Ich lasse dir allemal den vierten Theil dessen was du mir bringen wirst.

Ich war mit der Eintheilung wohl zufrieden, spricht Gil Blas, denn, weil ich mir vorsetzte allemal den vierten Theil dessen was ich in der Stadt bekäme zu behalten, und von dem Reste auch noch den vierten Theil zu erwarten hatte, so blieb die Hälfte dessen was ich bekam bey mir, wenn anders die Arithmetik eine gewisse Wissenschaft ist.

Diesen Scherz über die Arithmetik hätte Gil Blas, oder eigentlich sein Schöpfer, wenigstens Uebersetzer aus dem Spanischen, le Sage, wohl ersparen können, weil er gleich bey dieser Gelegenheit zeigt, daß er in dieser gewissen Wissenschaft sehr ungewiß ist.

Ein Viertheil und noch eins dazu machen freylich ein halbes wenn beyde von einem Ganzen sind. Aber wenn man ein Viertheil vom Ganzen wegnimmt, so bleiben drey Viertheil, und von diesem Reste hatte Gil Blas wieder den vierten Theil zu erwarten, das ist drey Sechzehntheil des Ganzen das er bekommen hatte. Diese drey Sechszehntheile und das Viertheil das er zum vorausgenommen hatte, machen zusammen sieben Sechzehntheile; also betrog sich Gil Blas um ein Sechszehntheil, wenn er glaubte, die Hälfte zu haben.

Von den zwölf Realen hatte er nicht den vierten Theil behalten sondern den dritten; vom Reste, der zwey Drittheile des Ganzen betrug, gab ihm Sangrado den vierten Theil, das ist ein Sechstheil des Ganzen, welches mit dem dritten Theile, den er sich vorausgenommen hatte, die Hälfte ausmacht.

Also ist es nicht undienlich, daß ein Romanenschreiber etwas von der Bruchrechnung versteht, wenigstens, wenn er einen arithmetischen Spaaß machen will.

Ein anderer Rechnungsfehler kömmt im 2. C[apitel] des 3. B[uches] vor, wo ein junger Herr Geld gegen den fünften Pfennig Zinsen borgt und für vierhundert Pistolen die er bekömmt, fünfhundert verschreibt. Aber, dieses ist im Charakter der Geschichte, Don Silva durfte gar nicht denken, und wenn er auch gedacht hätte, so durfte er nicht im Stande seyn zu berechnen was der fünfte Theil von vierhundert ist. Sonst hätte, in Leßings Schatze, Mascarill nicht Ursache seines Herrn Geschicklichkeit im Rechnen zu bewundern.

XXVII.
Millionen und Myriaden

Ich habe einmal gesagt

Der Mensch ist nicht der Zweck von Millionen Sternen,
Die er theils kaum erkennt, theils nie wird kennen lernen;

Ich wollte eine Chilias gegen eine Monas wetten, daß die meisten unserer neuern Dichter in der ersten Zeile würden

Myriaden gesetzt haben; freylich sagte der Vers alsdenn hundertmal weniger, als ich ihn sagen lasse; aber: Myriade klingt doch so sanfte! Das Wort sieht gleich an dem y so schön griechisch aus! Und endlich, für die meisten unserer schönen Geister, sind, zehntausend und tausendmaltausend einerley, wie der Amerikaner, jede Zahl, die die Menge seiner Finger übersteigt, durch eine Hand voll Haare angiebt.

XXVIII.
Astronomische Anmerkungen über ein paar Verse vom Voltäre

Voltärs Zueignungsschrift seiner *Philosophie de Newton,* an die Marquise v. Chatelet, habe ich vor dem ganz auswendig gewußt, und schreibe noch, aus dem Gedächtnisse, folgende Verse daraus her:

Pole immobile aux yeux, si lent dans vôtre course
Fuyez les chars glacez des sept astres de l'ourse
Embrassez dans le cours de Vos longs mouvements
Deux cent siécles entiers, par delà Six mille ans.

Was wir den Weltpol nennen, die Stelle unter den Sternen, wo die Axe der Erde verlängert eintrift, die scheint sich in der That zu verrücken; einen Kreis zu beschreiben, den sie, wofern alles in der Welt noch ein paar Platonische Jahre lang nach den bisher bekannten Gesetzen fortgeht, in der Zeit vollenden wird, die der letzte Vers, so poetisch ausdrückt, als sich Jahrzahlen ausdrücken lassen, denn Lustra oder Olympiaden, die vielleicht antiker geklungen hätten, waren zu klein.

Von einem Dinge, das sich so langsam bewegt, hätte ich nun freylich nicht im ersten Verse gesagt, daß es unbeweglich scheint, und im Zweeten, daß es flieht. Vielleicht aber widersprechen die französischen Wörter einander weniger, als die deutschen.

Es ist richtig, daß sich der Pol vom großen Bäre entfernt. Die Folge hieraus ist, daß dieses Gestirn, die Höhe über den Horizont die es jetzo für nordliche Länder hat, nach und nach über südlichere erreichen wird. Etwa in viertausend Jahren, werden

Populi quos despicit arctos.
Lucan.

die Italiäner seyn.

Daß Uns friert, wenn wir an den großen Bär denken, das kömmt daher, weil er jetzo auf Länder, die dem Erdpole nahe liegen, hoch herab sieht. Thut er dieses künftig auf Länder, die dem Aequator nahe liegen, so verbindet die Nachwelt die Begriffe: großer Bär, und Wärme. Uns erinnert er an Lappland; Sie an Neapolis.

Voltäre, dessen Verse diese Folge zum Voraus setzen, hätte also nicht sagen sollen: *Der Pol fliehe vom Eyße des Bärs.* Das Eyß gehört nicht zum Bäre, sondern zum Pole, und der Pol nimmt es mit sich.

Jetzo, da die Sonne den Tagus erleuchtet, verläßt sie die glänzenden Ufer des Ganges! Nein! wenn die Sonne diese Ufer verläßt, sind sie nicht mehr glänzend.

Die sieben Sterne des Bärs, heißen *der Wagen. Die* Wagen, hätte V. sagen können, wenn er von *beyden* Bären geredet hätte. Dieß läßt sich aber vielleicht so rechtfertigen, wie man sagt: Die Scipionen; Die Alexander.

Endlich; ist *Wagen* nur ein anderer Name dieser sieben Sterne. *Des Bärs beeyßter Wagen* ließe sich rechtfertigen, denn das zeigte den Theil vom Bäre an, der besonders unter dem Namen des Wagens bekannt ist. Aber: *der beeyßte Wagen der sieben Sterne des Bärs,* das klingt einem Astronomen, wie einem Poeten klingen würde: *der donnernde Jupiter des Zeus.*

Ob der Dichter überhaupt den Pol anreden soll, und ob ihn der französische Dichter mit *Vous* anreden soll, das kann ich als Astronome nicht beurtheilen. Jenes gehört für den Kunstrichter von Profeßion, dieses für den französischen Kunstrichter. Mein deutsches Ohr empfindet gleichwohl dabey so was, wie es im folgenden Verse empfinden würde:

Und, Sie Herr Pol! fliehn langsam von dem Bäre.
So höflich spricht mit Puncten nur Voltäre.

XXIX.
Moral aus der Geschichte der Infinitesimalrechnung

Als sich die Rechnung des Unendlichen zuerst zeigte, waren ihr die berühmtesten Mathematikverständigen abgeneigt. Die Methoden mathematische Wahrheiten zu crfinden, an die sie gewohnt waren, schienen ihnen deutlich und sicher, in der neuen fanden sie dunkle Geheimnisse, viel Ungewisses, und höchstens eine entbehrliche Spitzfündigkeit.

Diese Verächter zu bekehren, verhielt man sich von der Seite Leibnitzens und seiner Freunde folgendergestalt:

Man zeigte, daß die Rechnung des Unendlichen, mit allen durchgängig angenommenen Lehren übereinstimmte, daß sie leicht und bequem zu Wahrheiten führte, zu denen man bisher nur durch ermüdendes Nachdenken gelangen konnte, und endlich, daß sie die bisherige Erkenntniß vergrößerte, daß der Gipfel von Archimeds Entdeckungen, ihre niedrigste Gränze war, man beantwortete durch sie in aller Vollkommenheit, Fragen, die sich durch die bekannten Kunstgriffe, schwer, unvollständig, gar nicht, beantworten ließen. So erfüllte man mit Hochachtung gegen die Rechnung des Unendlichen, selbst einen Hugen, der ohne sie, so viel, so große Entdeckungen gemacht hatte.

Wieviel würde der christliche Glaube nicht gewinnen, wenn seine Bekenner durch ihre Handlungen wiesen, daß

Er in Absicht auf die Ausübung der Tugend, einen gleichen Vorzug vor jeder andern Religion hat, daß ein Christ verdient, vom Sokrates bewundert zu werden.

Aber jetzo, kommen mir viel von diesen Bekennern, und selbst Lehrern vor, wie jemand, der die höhere Mathematik und Eulers Namen stets im Munde führte, jedermann für einen Schaafkopf erklärte, der nicht integriren kann, für seine Person aber, so oft Fehler machte, als er eine Regel de Tri rechnen soll.

XXX.
Der Berg im Sturme

In Dr. Goldsmiths Gedichte, *the deserted village* (1770) kömmt das Gleichniß in der Beschreibung eines ehrwürdigen Geistlichen vor.

As some tall cliff that lifts it's awful form
Swells from the vale and midway leaves the Storm
Though round it's breast the rolling clouds are spread
Eternal Sunshine settles on it's head.

Nach dem Gedanken des Recensenten im *Monthly Review* Jun. 1770; 444 S. hat dieses Gleichniß nicht viel seines Gleichen; es ist *not easily to be paralleled.*

Die *Reviewers* sind nun freylich in Engelland nicht wichtigere Personen, als die Journalisten in Deutschland, und man hat auf keiner Seite des Meeres, die Stimme solcher Richter für die Stimme der Nation anzunehmen:

Indessen hat diese Stelle in der That viel Schönes, so wie überhaupt Goldsmiths Gedicht mit verdientem Beyfalle ist aufgenommen worden.

Desto mehr erfreut es mich, daß ein Deutscher dieses Gleichniß lange vor dem Engelländer stärker, und nicht so gedehnt gesagt hat.

So stehet ein Berg Gottes
Den Fuß in Ungewittern
Das Haupt in Sonnenstrahlen
Rammler.

Die Vergleichung beyder Stellen, giebt eine Erläuterung zu Leßings Laokoon. Goldsmiths Verse, würden gemahlt recht hübsch aussehen, aber Rammlers Verse geben mehr zu denken.

XXXI.
Vom Stachelschweine

Ein Stachelschwein, das sich unter Bäumen herumgewälzt hat, damit Früchte an den Stacheln stecken bleiben, und so mit Obst beladen fortgeht. Diese Vorstellung eines dänischen Dichters *Helt* wird in Schlegels *Fremden* 40. Stück, getadelt. Sie ist nicht des Dichters Erfindung. Joachim Camerarius* bildet einen Igel mit Weinbeeren auf den Stacheln ab, und führet des Plutarchs Zeugniß an**, daß ein Igel im Herbste Beeren von den Weinstöcken abgeschlagen, und sich alsdann herumgewälzt habe, daß sie an seinen Stacheln stecken geblieben, um sie seinen Jungen zu bringen. Und so wäre Helts Gemählde, doch nach der Natur gemacht.

XXXII.
Der *point d'honneur****

Prügeln läßt sich der französische Soldat nicht, wie der preußische; das wäre wider seine Ehre:
Aber vor den Preußen zu laufen?

* *Symbolorum et emblematum ex quadrupedibus desumtorum centuria 2. (1595) Symb. 85.*
** *de solert. animal.*
*** Ich weiß wohl daß man sagt *das* p. d'h. Aber eine von den ersten Kenntnissen, die man mir beybrachte, da ich als ein Knabe, der schon

XXXIII.
Welche Thiere bekleidet sind?

Kein Thier trägt Bekleidung, die nicht zu seinem Körper gehört, den Menschen ausgenommen, und einige Motten.

XXXIV.
Vom Nutzen des Prügelns

Seine Untergebenen, prügelt der Schulmeister zu Gelehrten, und der Officier zu Helden. Freylich desertiren deßwegen auch manche.

XXXV.
Die Tonne

Das Sinnbild vom Wallfische, dem die Schiffer, das Schiff zu retten, Tonnen damit er spielt, hinwerfen, soll Churfürst Moritz von Sachsen gebraucht haben.

S. Camerarii Symbolor. et emblem. ex aquatilib. et reptilib. desumtor. centur. IIII. Symb. 2.

Also war Churfürst Moritzens Wallfisch Kaiser Carl V?

Latein konnte, französisch lernte, war, daß die Franzosen kein *Neutrum* haben. Indessen, haben die Deutschen dieses Geschlecht, oder eigentlich Ungeschlecht, den meisten französischen Wörtern gegeben, die sie in ihre Muttersprache eingeflickt haben, und eben dadurch gezeigt, daß sie nicht soviel Französisch verstehen, als dieses Einflicken anzeigen sollte. Besonders belustigen durch solche Sprachschnitzer die Herren Kriegsgelehrten. Die haben auf diese Art nicht nur Canon, sondern sogar den ganzen Bataillon, ohne erst Soldaten und Officier um ihre Einwilligung zu befragen, castrirt, und den Flanc, der doch *Mad. Face* so männlich vertheidigen soll, selbst auch zu einem Frauenzimmer gemacht. Zur Vergeltung sind Punct, Diameter, und Parameter zu Männern geworden

XXXVI.
Warum treiben die Gelehrten keine Handwerke?

O das entehrte sie ja! So würde mir jeder Advocat antworten, der für ein Klaglibell *honorarium* fodert, aber einem Phidias oder Apell* nur *mercedem* zugestehen würde.

Ich möchte aber wohl wissen, welche unserer Facultäten, von der *amplissima* an, bis mit hinauf zum *ordine summe venerando,* was Erhabeners lehrte, als der Apostel Paulus? Und der machte Teppichte dabey.

XXXVII.
Dichterische Heyrathen

Ich lese in einer Reisebeschreibung**:

> »Bey ihren Heyrathen sehen sie nicht auf Reichthum, sondern auf Witz, Schönheit, und Annehmlichkeit, so daß öfters die Tochter eines armen Mannes, das Oberhaupt einer Nation bekömmt.»

Dieses Volk, würdig von einem Theokrit oder Gesner besungen zu werden, wie heißt es? Hottentotten!

[...]

* Die verzweifelte Gelehrsamkeit, daß die Namen nun griechisch seyn mußten! Als wenn ich nicht hätte sagen können: einem Nahl oder Tischbein?

** Allgemeine Historie der Reisen V.B. 160 S. der deutschen Uebers.

Friedrich Gottlieb Klopstock

Die deutsche Gelehrtenrepublik.
Ihre Einrichtung. Ihre Geseze.
Geschichte des lezten Landtags.
Auf Befehl der Aldermänner durch Salogast und Wlemar.
Herausgegeben von Klopstock

[1774]

Guter Rath der Aldermänner

Einleitung

Schon auf dem Landtage 1603 hat man angefangen unter dieser Aufschrift einige Bemerkungen, Warnungen, *kürzere oder längere* Sprüche, *bisweilen nur* Winke *der Aldermänner, Anwalde, und Zunftältesten in die Jahrbücher zu schreiben. Aus diesen haben wir diejenigen gewählt, die uns am merkwürdigsten vorgekommen sind. Der Zeitordnung sind wir bey unsrer Samlung nicht gefolgt. Man wird dem* älterem guten Rathe *seine Jahre schon von selber ansehn. Freylich wird ihm von denen, die es bis zur U[e]berfeinerung gebracht haben, dieß und jenes übel gedeutet werden; aber was kann ihm das schaden? Denn Männer, die* Kern *und* Reife *in der Seele haben, schäzen ihn doch nach seinem Werthe.*

Der Tiefsinn des Meisterers

Der Meister sezt den *zwanzigsten* Gedanken hin, und läst die andern alle weg, durch deren Hülfe er den hingesezten zur vollendeten Bestimmung gebracht hatte. Sein Meisterer, der sich denn doch auch gleichwol bis zu dem *dritten* empor geschwungen hatte, trit darauf hin, beschnizelt, verlängt, oder verkürzt jenen zwanzigsten Gedanken.

Grosser Unterschied

Kleider machen Leute. Kleider machen keinen Mann. Scribenten, die ihre Werke so schönfarbig, und nach so modischem Schnitte kleiden, bescheidet euch, immer *Leute* zu seyn; denn *Männer* seyd ihr nun einmal nicht. Zurük, Jüngling, sagte Ekhard, denn du hast es nicht recht gefast. Nakt, wie ein *wilder Mann,* darffst du deswegen nicht gehen.

Gemilderte Härte

Horaz nante die Nachahmer *sclavisches Vieh.* Urban war das eben nicht; und auch sonst nicht so recht in der Ordnung. Denn er selbst .. (von zwanzig übrigen Versen des Alcäus zehn theils sogar nur übersezt) Um mit der Sache recht ins Gleis zu kommen, so kann *Vieh* immer weg bleiben; denn man behält ja an *Sclaven* genung übrig. Und auch dieß ist noch rauh und barsch; aber wahr ist's.

Gewönliche Regelmässigkeit

Unrichtig angewendet, ist ein Sprichwort kein wahres Wort. Eben so angewendet, bringt die tiefsinnigste Regel eine Misgeburt hervor.

Notwendige Kentnis

Da schwazen sie: Der eine kent die Leidenschaft; der andre kent ihre Schattierung. Wehe dem Dichter, der beydes nicht kent, wie der Bauer sein Feld, oder der Günstling den Fürsten, durch den er herscht, oder, welches mit dem lezten völlig einerley ist, der Teufel die Seele, die er holt.

Vom guten Gebrauche der Sprache

Wie dem Mädchen, das aus dem Bade steigt, das Gewand anliegt, so solt es die Sprache dem Gedanken; und gleichwol immer noch zehn Röcke über einander, und ein Wulst darunter.

Von der Entdeckung und der Erfindung

Habe du wol acht auf den Unterschied, der da ist zwischen dem, der erfindet, und einem andern, der entdekt. Hernach kanst du folgende Fragen an dich ergehn lassen: Darf ich mich des Erfindens unterfangen? Soll ich suchen zu entdecken? oder muß ich beydes unterwegens lassen? Wer entdecken will, siehet sich gar genau um in dem Gewimmel der Dinge, so um ihm her sind; und siehet er darinn etwas, das sonst noch Niemand hatte gesehn; so hat er entdekt. Ein solcher muß vor anderm Augen haben, und auch Feuers, und Ausdaurens genung, lang und oft hinzusehn, insonders dahin, wo ihm nun, wär's auch nur noch in der Dämmerung, etwa ein Lichtlein aufgeht. Solche Flämlein pflegen immer heller zu werden, je länger man hinschaut. Meinst du, daß ein guter Weidmann, der auch nur das Ohr eines Rehes in einem Busch ist gewahr worden, raste und ruhe, er hab es denn? Wer erfindet, sezt Vorhandnes auf neue Art und Weise zusammen. *Wie* du nun zusammensezest, und was zulezt, hast du's bewerkstelligt, vor ein Zwek, Ziel und Absicht daraus hervorblicken, das ist's eben, worauf es dabey gar sonderlich ankomt. Das ist nun eine grosse Schwierigkeit, und ist selbige kein solcher Knoten, da du nur könntest drein haun, und das Ding wäre dann gethan; ist ein Knoten, den du lösen must, oder dich lieber gar nicht mit selbigem befassen. Denn, wie gesagt ist, das Dreinhaun frommet da nicht. Sind manche Zusammensezungen, haben wenige und grosse Stük; müssen solche haben, weil's

Zwek und Absicht also erheischen: sind wieder andre Zusammensezungen, haben viele Stük kleine und grosse; müssen sie haben, aus genanter Ursach. Sind aber auch solche, die nichts nicht haben, denn lauter kleine Stük; gebe keinen Pfifferling drum, angesehn sie untauglich Werk sind.

Von der Nachahmung

Das Urbild ist der Baum, die Nachahmung sein Schatten; und dieser ist immer bald zu lang, und bald zu kurz, nie die wahre Gestalt des Baums. Der *Jüngling.* Schatten also erstlich; und dann verfehlte Gestalt? Der *Aldermann.* Recht, Jüngling. Schatten ohne Saft und Kraft, Bildung ohne Schönheit. Sieh nur die heilige Eiche, die edle Tanne an, und hierauf ihre Schatten. Und wenn nun vollends (der gewönliche Fall) eine ganze Baumgruppe in eine ungestalte Schattenmasse zusammen fliest.

Drey Fragen

Wol thätest du, wenn du unter Zeiten herumwandertest in der gelehrten Geschicht, und kämest du dann vorbey bey den grossen Lichtern, die weiland glänzten und jezo sind erloschen, dich zu fragen anhübst: Warum sind ausgangen, die doch hiebevor so viel Scheines hatten? Ferner: Wie ist ihm zu thun, daß ich dereinsten nicht auch erlösche; solt's anders dahin kommen, daß der Funken, so etwa in mir ist, noch finge? Ist mancherley bey den Fragen zu bedenken, und's komt allhie gar sonderlich auf die rechte Erforsch- und Beherzigung dessen an, was da ist wahr, und gut, und neu; was Mark hat und Kraft, was tief ergründet ist; was Gestalt hat voll Anmut, so daß Aug und Herz daran weiden möge, wer bider ist, und selbiger dadurch gelocket und entzündet werde ähnlich Werk hervorzubringen. Köntest auch noch die dritte Frag hinzufügen: Wie ist's kommen, daß ihrer etliche blieben sind, die sie vordem waren? Müstest alsdann gar tief in ihren Sinn und Geist eindringen, und nicht ablassen, du habest denn ausforscht, was da sey ihr Leben und Weben, Lust und Liebe, Art und Eigenschaft, auch Eigenheit. Denn merke dir: Art und Eigenschaft ist gar notwendig Ding, fleugt Adlerflug; da hingegen alles, was nicht Art und Eigenschaft hat, umher flattert, und nicht weiß, wo es hin will.

Ekhards Reue

Wer ein Mann ist, sagt nicht, was er thun will, sondern thut's . . Es verdreust mich auf mich selbst, daß ich vom Nichtreden geredet habe!

Anlegung der lezten Hand

Deine Schrift ist vollendet. Auch mich freut's. Zu viel ausstreichen, ist Scylla; zu wenig, Charybdis. Sieh mir ins Gesicht, Jüngling! Kanst du steuren? Hast du Mut?

Zum höheren Comischen gehörig

Ein Schauspiel, dem kein anderes gliche, wäre: Wenn ein Kurzsichtiger von Weitsehenden umgeben sie alle *übersähe;* und diese es *aushielten,* jenem die Augen *nicht* zu öfnen.

Die Vorlesung

Wenn die *Aussprache,* die *Stimme,* die *Kentnis,* die *Empfindung,* und die *Begeistrung* einem *Gedichte,* das ein Gedicht ist, Hand in Hand, einen Tanz halten: so stehest du in einem Zauberkreise, und kanst da nicht eher heraus, als bis die Tänzerinnen ausruhn.

Die Stillschweiger

Man hat sichre Nachrichten, daß noch hier und da viel *Wissenswürdiges* gleich verborgnen Schäzen vergraben liege. Wer den meisten neuern Untersuchern ein wenig nachspürt, der findet, daß sie, ohne auch nur Einen Schritt tief zu kommen, oben herum wühlen, viel bey ihrer Arbeit schwazen, und sich Wunder was zu seyn dünken, weil sie so bestäubt sind. Wie lächerlich werden diese Leute vollends alsdann seyn, wenn die rechten Schazgräber kommen, die kein Wort sprechen, der Raben nicht achten, aber graben.

Rohrdommels Weissage

Laurenz Rohrdommel, der auf allen Landtagen, die wir in diesem Jahrhunderte gehalten haben, gegenwärtig gewesen ist, brachte auf dem Landtage 1733 von neuem vielerley sonderbare Dinge vor, unter andern ließ er sich so verlauten:

Ich bin kein Chiromant, oder Handgucker, aber ich bin ein Prosopomant, oder Gesichtsgucker, verstehe mich auf allerhand Prophezey aus Gebehrden und Gebehrdungen, und weiß sie dort gar genau heraus zu klauben. Wisset also, daß ich vor zwey Jahren auf einem Landtage der französischen Gelehrtenrepublik gewesen bin, und allda nach meinem Späh- und Prophezeygeiste auf Vieler Gesichtern gefunden habe, wie folget:

Bald werden die Franzosen die Wissenschaften nicht mehr verknüpfungs- und folgeweise, da eines immer dem andern die Hand beut, und es stets mehr ans Tageslicht bringt, sondern nach *alphabetischer Methode* vortragen, so daß sie, so lange diese Gewonheit dauert, nicht als ein wolgestalter Körper dastehn werden; wol aber als ein zerhakter und zerstükter vor den Augen der Leute herum liegen.

Hütet euch, liebe deutsche Landsleute, daß ihr nicht *auch*

hier in die Fußtapfen der Franzosen tretet, oder gar, welches sich wol eher mit euch zugetragen hat, hinein tappet.

Die Weissage wurde von den Zuhörern, deren er keine geringe Anzahl um sich versammelt hatte, mit lautem Gelächter empfangen; zwar auch wol deswegen, weil er sich unterstanden hatte, prophezeyen zu können; aber doch noch vielmehr aus der Ursache, weil es *Unmöglichkeiten* wären, die er prophezeyt hätte.

Je lauter das Gelächter wurde, mit desto grösserer Selbstgenügsamkeit strich sich Rohrdommel seinen weissen Bart, und ging nicht eher weg, als bis seine Zuhörer sich recht müde gelacht hatten.

Solte er auf unsern bevorstehenden Landtag kommen (er muß schon gegen hundert Jahre alt seyn) so wird man ihn gewiß nicht wenig anliegen, nun auch von den künftigen, hoffentlich nicht ähnlichen Vorfallenheiten unsrer Republik zu prophezeyn.

Wir müssen von Rohrdommeln noch anmerken, daß ob er gleich seit so langer Zeit auf unsern Landtagen gewesen ist, er sich doch beständig unter den dabey gegenwärtigen Ausländern aufgehalten hat, aber ohne jemals auch nur ein einziges Wort mit ihnen zu sprechen. Mit seinen Landsleuten spricht er noch wol unterweilen etwas; allein am liebsten ist er doch für sich, und hat er mit sich selbst zu thun.

Für junge Dichter

Dreyerley vor allen Dingen, sagte ein Zunftältester zu einem Jünglinge, der ihm seine Neigung zur Dichtkunst gestanden hatte: *Untersuchung des Menschen, Vorübungen, und Sprachkentnis.* Wenn du den Menschen nicht kenst, wie er gewönlich ist; und wie er seyn könte, und selten ist: so weist du weder aus noch ein, wenn nun Noth an den Mann geht, das heist, wenn du den rechten, den vorzüglich, oder bisweilen allein wirkenden Punkt bey einer Vorstellung treffen solst. Doch diese Untersuchung erfodert Jahre; und du kanst, eh du sie vollendet hast, Vorübungen machen. *Von Vorübungen hab ich noch nie etwas gehört.* Es ändert bey der Sache nichts, daß du jezo das erstemal davon hörst. Zeichnet der künftige Maler nicht die Glieder des menschlichen Leibes einzeln, und die, bey denen es ihm am wenigsten gelingt, wol hundertmal, eh er sich an die ganze edle Gestalt wagt? Und hat er etwa Unrecht, daß er es thut? Und soll sich vielleicht der künftige Dichter deswegen nicht vorüben, weil seine Kunst schwerer ist? Die grammatische Richtigkeit der Sprache inne haben, macht den kleineren und leichteren Theil der Sprachkentnis aus. Versteh mich ja recht. Ich sage dieß nur in Vergleichung mit dem grösseren, und schwereren. Denn an sich selbst ist er weder klein noch leicht. Bey der eigentlichen und vorzüglichsten Sprachkentnis komt es darauf an, daß man die Bedeutungen der Wörter in ihrem *ganzen Umfange* wisse. Dieser begreift unter andern den Sinn in sich, den ein Wort, in der oder jener Verbindung der Gedanken, auch haben kann. Umfang sezt Gränzen. Du must also auch wissen, was ein Wort nicht bedeuten könne. Manche Wörter wimmeln, (ich rede besonders von unsrer Sprache) von vielfachen Bestimmungen der Hauptbedeutung oder Hauptbedeutungen; manche haben überdieß eine gewisse Biegsamkeit noch neue Bestimmungen anzunehmen, vorausgesezt, daß die Stelle, wo sie stehen, es erfodre, oder wenigstens zulasse. Diese neuen Bestimmungen sind oft nur kleine, sanfte Schattierungen; aber so klein sie sind, so gehören sie doch mit zur Darstellung. Ohne sie mangelt ihr etwas; sie ist noch nicht ganz vollendet. Wie wenig versteht also der von der Sprache, und *was kann er darstellen,* der nicht einmal die Hauptbedeutungen der Wörter recht kent. Ein Maler, der blau und roth nicht von einander unterscheiden könte, läst sich zwar nicht denken, und doch gleicht ihm derjenige

Dichter, dem es an jener Kentnis fehlt. Zu den vielfachen Bestimmungen der Hauptbedeutungen gehört auch sanfter und starker Klang, langsame und schnelle Bewegung der Wörter, ja sogar die verschiedne Stellung dieser Bewegungen. Wie soll ihm aber, (mich deucht du fragst mich das) ein Mann thun, dessen Sprache ihm zu solchen Bemerkungen wenigen oder keinen Anlaß giebt, und die nicht einmal Wörter genung hat, geschweige denn viele von starker, reicher, und vielseitiger Bedeutung? Allein was geht uns denn dieser Mann an? Meinent- und deinenthalben mag er so viel er nur immer will und kann in Prosa schreiben; und es so oft und lange, als es ihm gefällig ist, Poesie nennen. *Doch wenn solcher Mann nun endlich zu der Einsicht komt, wie es, in Beziehung auf die Poesie, mit seiner Sprache eigentlich beschaffen ist, was soll er dann anfangen?* Dafür laß du ihn sorgen. Freu du dich, daß du eine Sprache hast, die der griechischen nicht nur frey unter die Augen treten, sondern die ihr auch wol diese und jene Frage thun darf.

Man macht sich von dem, was die Sprache ausdrücken kann, keinen richtigen Begrif, wenn man sie sich, auf der einen Seite, durch Buchstaben bezeichnet; und auf der andern, von der Action des Redenden begleitet, vorstelt. Der eigentliche Umfang der Sprache ist das, was man, ohne den Redenden zu sehn, höret. Man hört aber Töne, die Zeichen der Gedanken sind, durch die Stimme so gebildet, daß vieles von dieser Bildung nicht gelehrt werden kann, sondern vorgesagt werden muß, um gelernt zu werden. Die unlehrbare Bildung der Töne begreift besonders das in sich, was das Sanfte oder Starke, das Weiche oder Rauhe, das Langsame und Langsamere, oder das Schnelle und Schnellere dazu beytragen, daß die Töne völlig zu solchen Gedankenzeichen werden, als sie seyn sollen. Man höret ferner mit dieser Tonbildung eine andre, die, in sehr vielen und sehr fein verschiednen Graden, Leidenschaft ausdrükt.

Diese zweyte Tonbildung ist allen ein Geheimnis, denen ihr Gefühl nichts darüber sagt. *Sie hat sogar mehr Schattierungen, als der Gesang.* Nur der declamirt gut, dem diese doppelte Tonbildung gelingt. Wer Dichter werden will, kann von dem guten Declamator mehr als Eine Sache lernen. *1 Die Wirkungen des Wolklangs.* Sogar *rauhe* Töne gehören, wenn sie der Inhalt erfodert, mit zum Wolklange. Cynthius zupfe dich beym Ohre, wenn du einen Trieb bey dir fühlst, diese Anmerkung zu misbrauchen. *2 Die Wirkungen des Silbenmaasses.* Aber hier hat mancher sonst vortrefliche Declamator noch selbst zu lernen. Da es so wenig ist, was er zu lernen hat, so ist es merkwürdig, daß er es noch nicht weiß. Wir müssen bey ihm voraus sezen, daß er seine Sprache und also auch ihr Tonmaaß kenne. Dieß also vorausgesezt, so hat er gar nichts weiter zu thun, als die *Längen genung und recht hören zu lassen.* Recht läst er aber die Längen nicht eher hören, als bis der Zuhörer die *Verschiedenheiten* derselben, die durch die *Dehnung,* und, im *abgebrochnen Tonhalte,* durch die Zahl und Beschaffenheit der Mitlaute, entstehn, bemerken kann. Geschieht dieses, so erfolgt alles übrige von selbst, und der Rhythmus fängt auf einmal an zu tanzen. Mehr oder weniger Schnelligkeit, oder auch mehr oder weniger Langsamkeit entstehn von selbst aus der rechten Tonbildung der Leidenschaft. *3 Wie viel die Wörter ausdrücken können.* Man hatte oft einem Worte so viel *Ausdrückendes* nicht zugetraut, als man durch die volle gedoppelte Tonbildung der Declamation hört. *4 Was die Wörter nicht ausdrücken können.* Der Declamator sieht wol, was der Dichter hat sagen *wollen,* er sucht ihm auch, ob er es gleich *nicht gesagt hat,* fortzuhelfen. Da er aber nichts Gezwungnes thun darf; und das vorkommende Wort nun einmal nicht gut gewählt ist; so muß er es wenigstens in einem gewissen Grade fallen lassen. Dieses *fallen lassen* des Deklamators kann manches Licht in der Wortkentnis geben. *Du hast mich ein wenig erschrekt;*

aber ich will lernen; und ich freue mich, daß ich eine solche Sprache zu lernen habe.

Nicht gehaltnes Versprechen

Es macht Freude, Schadenfreude wol, aber solche, wie du dir erlauben magst, wenn ein Männlein, das mit Dünkeln und Klügeln über allerley gelehrte Arbeit und Schrift, auch wol Meisterwerk seine Lebenstage hat zubracht, geblinzt, und gethan, als ob's sehen könt, beekelt und gethan, als hätt's 'ne Zunge, wenn solch Männlein nun selbst 'ne Schrift fertigt, und mit selbiger vor aller Welt Augen hervortrit. Darinn lebt und webt denn nun nichts, ist noch Kraft noch Anmut; Anstrengens wol, und vielerley miswachsner Zier; und wird kein halb Wort gehalten von alle dem, was da war durch so viel vorgängige Klügeley versprochen worden, auf die Ereignis hin, daß der Klügling einst selbsten aufträt, und redete. Lassen's auch die Zuhörer dafür das eine Ohr hineingehn, und das andre wieder hinaus, und vergessen's Übermorgen.

Gutachten über etliche Redensarten

Sich mit ausländischen Schellen behängen .. Dinge, die aufrecht stehen, umkehren, damit man sie umgekehrt zeigen könne .. Den Musen die Leyer stimmen .. Nach der Pfeife des Tauben tanzen .. Den Pfuscher einseifen, und ihn mit dem weissen Barte sizen lassen .. Nicht einmal des Erostratus Ruhm erlangen können, weil's nicht brennen will .. Einen kleinen Zwek für einen Zwek halten .. Sich's hoch anrechnen, daß man, da man denn doch nun einmal Marktschreyer ist, gleichwol bey Leibe kein Seiltänzer seyn möchte .. Zwischen philosophischer Kunstwörterey, und wahren Gedanken keinen Unterschied finden .. Zwischen einem guten Vortrage, dessen Gegenstände sich aber nur auf philosophische Kunstwörterey gründen, und wahren Gedanken, auch keinen Unterschied finden .. sind Redensarten, die mehr in sich halten, als mancher der Sachen und der Zeiten unkundige etwa vermeinen möchte.

Woran die Schuld liege

Die Deutlichkeit der Rede stehet nicht allein mit dem Verstande, den Kentnissen, und der Aufmerksamkeit der Zuhörer in Verhältnissen; sondern auch mit den Gegenständen, die vorgestelt werden. Diese bestimmen nämlich, durch ihre verschiedene Beschaffenheit, die bey ihnen erreichbaren Grade der Deutlichkeit. Erhabne Gegenstände, wenn man sie von der rechten Seite angesehn, und mit wahrem Gefühl ganz empfunden hat, können vorzüglich deutlich vorgestelt werden. Oft ist es, um hier bis zu diesem Grade der Deutlichkeit zu kommen, nicht etwa nur gut; es ist *notwendig* kurz zu seyn. Die Kürze fasset wenige Theile durch Worte von starker Bedeutung zusammen, und leuchtet, gleich einer grossen Lichtmasse auf einem Gemälde. Gleichwol ist sie es, die am gewönlichsten der Dunkelheit beschuldigt wird. Aber von wem denn? Von Leuten, denen es entweder an Verstande, oder an Kentnissen, oder an Aufmerksamkeit, oder gar an allen dreyen fehlt.

Gegründete Befürchtung

Wenn ich, sagte ein Zunftältester, etwas schreiben möchte, das, ohne meine Absicht, würde zur Satyre werden; so würd ich eine *wahre* Geschichte der Philosophie schreiben. Fromm wie ein Lamm, aber mit völliger Bestimmung würde ich es in seinem ganzen Umfange auseinandersezen, wie wenig die *allermeisten* Philosophen zur Erleuchtung des Verstandes, und zur Lenkung des Herzens beygetragen haben. Meine Lammfrömmigkeit würde besonders daraus hervorblicken, daß ich den Philosophen nichts, gar nichts andichtete; sondern die Sachen völlig so nähme, wie sie wirklich sind; und doch würd ich Unschuldiger ein reissender Wolf zu seyn scheinen, der ganze Heerden Schafe auf Einmal auffrässe.

Vom Geschmacke

Komt da ein Wörtlein immer mehr und mehr auf, heisset: *Geschmak;* kann an sich selbsten weder frommen noch schaden, angesehn auf 'ne *Gleichnisrede mehr oder weniger* gar nichts ankomt; aber gleichwol stehet zu fürchten, daß dieses Wörtlein allerhand, das nicht gut ist, anrichten werde. Denn solche Gleichnisreden werden gewönlich in einem Sinne gefast, der bald hierhin schwankt, und bald dorthin, so daß zulezt Theoreyn daraus kommen, welche die Leut wie Irwische herumnarren. Möcht man's doch brauchen, wie's einem gut dünket' und lüstete, in gemeiner Rede; auch in allerley Zetteln, die umherfliegen, und an welcher Inhalt wenig liegt: aber in Büchern, die darthun sollen, was da sey die Ursach, die Weise, Gestalt, und Gebehrde dessen, das uns behaget, oder nicht behaget, möcht benantes Wörtlein vielleicht zu allerley Regulmässigkeiten verleiten, mit denen, und mit derer Geburten einer's in die Läng nicht aushalten könte.

Die Vergleichungssucht

Untersuchest du deinen Gegenstand nur in Vergleichung mit andern; so wird es bald um dich von kleinen und grossen Irthümern wimmeln; untersuchest du ihn aber allein und für sich; so kanst du bisweilen dahin kommen, daß du ihn ganz siehest, und du stehest dann, in Absicht auf die Erkentnis, *eine Stufe höher,* als die Vergleicher.

Wer dieses noch nicht weiß, der buchstabiert noch; und gleichwol ist's nicht überfliessig es zu sagen. In unserm erleuchteten achtzehnten Jahrhunderte wird mehr verglichen, als jemals ist verglichen worden. Es versteht sich von selbst, daß dieses diejenigen am wenigsten glauben, die es am meisten angeht.

[...]

JOHANN CASPAR LAVATER

Vermischte Gedanken.

Manuscript für Freunde.
Herausgegeben von einem unbekannten Freunde des Verfassers

[1775]

Vermischte Gedanken

Vorbericht des Herausgebers

Zwar wollte Lavater, daß diese vermischte Gedanken nur Manuscript für Freunde bleiben sollten. Warum aber dürfte das, was Nachdenken über Gott und göttliche Dinge erwecken, was Tugend und Weisheit unter dem menschlichen Geschlechte verbreiten kann, nicht öffentlich bekannt gemacht werden? Aus Ueberzeugung durch meine eigene innere Erfahrung weis ich, daß auch diese vermischte Gedanken viel Gutes in Absicht auf die Religion, in dem Herz und Verstand des Menschen würken können. Dieses Gute gönne ich gern allen Menschen, und der gute rechtschaffene Lavater gewiß mit mir. Darum habe ich nicht angestanden, diese Blätter drucken zu lassen. Sollten auch einige Spötter, die selbst das heiligste aller Bücher mit ihren Lästerungen nicht verschonen ihren Gifftstachel gegen sie richten, so gedenke der Verfasser der Regel Num. 9 in der zweyten Sammlung:

Sprich nicht: Was werden Menschen auf Erden –
Sondern sprich: Was werden Engel im Himmel,
was wird Gott von mir urtheilen?

N.

I. Vermischte Gedanken

Laßt mich Euch, liebe Freunde, monatlich zur Prüfung, und zur Uebung unsers Nachdenkens, einige Gedanken im Vertrauen mittheilen. Ich gebe sie Euch als ein Freund! Brauchet sie als *Freunde!*
Den 3 Jänner 1774. *J. C. L.*

1.

Einfalt – das Siegel der Wahrheit; Ruhe – das Siegel der Aufrichtigkeit; Wärme – das Siegel der Liebe.

2.

Was ist, ist irgendwo.

3.

Unendliche Mannichfaltigkeit – unendliche Einheit ist alles, was wir sehen – Jedes ist von jedem verschieden, und alles ist dennoch nur Eins.

4.

Suche Ruhe, wo du wilst, du findest sie nirgends als in der Einheit: Du findest sie auch in der Vielheit – wenn sie dir Einheit ist.

5.

Siehest du jede Leidenschaft ohne Bewegung? und Erhabenheit ohne Ruhe?

6.

Kannst du dich in der stürmischen See verspiegeln? Kann Gott einer Seele voll brausender Leidenschaft sich offenbaren?

7.

Unser Auge – was wäre es uns – ohne Licht? Unser Ohr – ohne Töne? Unser Leben – ohne Nahrung? Unsere Vernunft – ohne Unterricht? Unser moralisches Gefühl – ohne Beyspiel?

8.

Kannst du einen Lichtstrahl mit Reisbley, und ein Feuer mit der Kohle wahrhaftig zeichnen? So kannst du Erkenntniß Gottes mit Linien, und göttliche Empfindung mit willkührlichen Thönen ausdrücken.

9.

Was aus Fleisch gebohren ist, das ist Fleisch –
Was aus Geist gebohren ist, das ist Geist –
Was aus Gott gebohren ist, ist Gott!

10.

Alle Gnade ist Natur, und alle Natur Gnade.

11.

Menschen zeugen Menschen, Licht strahlt Licht aus, und Liebe, Liebe.

12.

Vom Dornbusch kommen keine Trauben, und aus der Eigenliebe keine Bruderliebe.

13.

Wenn Gott mehr Macht hat, als ich – Wenn Gott mehr Weisheit hat, als ich; hat Er denn nicht auch mehr Güte, als ich?

14.

Wenn Herodes um seines Eidschwures willen tödtet – wie wird Gott um seines Eidschwures willen – lebendig machen?

15.

Wenn der gute Gott zum bösen Menschen sagt: Einem jeden, der dich bittet, gieb! – Was wird der böse Mensch von dem guten Gott erwarten dürfen?

16.

Wer schmerzt ohne Liebe, ist grausam – auch der Grausame verabscheuet den Grausamen – Sollte denn der, der Euch gebauet hat, ohne Liebe strafen?

17.

Wer der Offenbahrung spottet, spottet der Natur, und wer Christum lästert, lästert Gott – . Du kannst nichts wider meine Offenbahrung sagen, das ich nicht wider deine Natur – nichts wider meinen Christum – das ich nicht wider deinen Gott sagen kann.

18.

Der dir dein Leben gab, eh du ihn batest, wird er dir Nahrung versagen, wenn du ihn darum bittest?

19.

Glauben an Christum – Was ists im Grund anders, als Glauben an Gott – und an dich selber?
Glaubst du, daß der Nazarener, Jesus, Gottes Sohn sey – so kannst du auch glauben, daß du, Mensch, wie du auch heissen magst, Gottes Kind seyst.

20.

Wenn Gott mein Vater ist, bin ich nicht sein Sohn?

21.

Wo jemand ist – da ist er mit dem, was er ist.
Wo ein Verständiger ist, da ist Verstand;
Wo ein Mächtiger ist, da ist Macht;
Wo ein Gütiger ist, da ist Güte;
Wo Gott ist, da ist Allmacht, Allweisheit, allguter Gott.

22.

Wo Verstand ist, da ist ein Verständiger;
Wo Kraft und Würkung ist, da ist ein Würkender.
Weisheit ist nichts ohne einem Weisen, und Wahrheit nichts ohne ein Subject.

23.

Kann Wahrheit der Wahrheit, Gottes Ordnung der Ordnung Gottes, Gott Gotte, Gnade der Natur, Offenbahrung der gesunden Vernunft widersprechen?

24.

Wahrheitsfreude – Menschenfreude – Gottesfreude, Eine Freude.

25.

Wer Daseyn giebt, ist; Wer belebt, lebt; Wer giebt, hat; Wer lehrt, weiß; Wer liebt, empfindet.

26.

Der das Auge gestaltet hat, sollte der nicht sehen?
Der das Ohr gepflanzet hat, sollte der nicht hören?
Der mein Herz gebildet hat, sollte der nicht lieben?

27.

Ich sahe noch keinen grossen Mann, der nicht stolz, und keinen erhabnen, der nicht demüthig war.

28.

Es ist besser, Eins recht, als Vieles halb beobachten. Ein wenig reines Gold, ist mehr werth, als vieles Flittergold – Ein wenig reine Wahrheit mehr, als viel mit Irrthum vermischte.

29.

Darf das, was ich thue, rede oder denke, mein Freund, der fromm, und mein Feind; der gottlos ist, wissen?

30.

Wer hören kann, kann alles.

31.

Willst du herrschen, diene; Willst du lehren, lerne; Willst du dich freuen, leide, Willst du leben, stirb; Willst du haben, gieb; Willst du erndten, säe; Willst du behalten, brauche; Willst du empfangen, bitte; Willst du wachsen, nähre; Willst du lieben, glaube; Willst du glauben, höre!

[...]

II. Vermischte Gedanken

1.

Jede einzelne Wohlthat Gottes gegen einen einzigen Menschen – was ist sie anders, als eine unzählige Menge Wohlthaten gegen das ganze menschliche Geschlecht.

2.

Man kann gehorchen ohne Liebe, aber nicht lieben, ohne zu gehorchen. Wer liebt gehorcht schnell und ganz; leidet oder handelt; lebt belebt gedoppelt durch beydes. Der Sclave gehorcht schnell, schnell der Freund – und dennoch ist beyden kein Wort unträglicher als Gesetz und Pflicht;

jenem, weil man mehr; diesem, weil man weniger von ihm fodert, als er thun möchte.

3.

Stärke – ist sie nicht des Starken Natur, Weißheit nicht des Weisen, Großmuth des Großmüthigen, Athmen des Lebenden! Göttlich handeln – ists nicht Gottes Natur? Christus – kann er anders handeln, als Christus? Menschen athmen Menschenodem; Christi Odem ist Gottes Krafft, Sein Wort Geist und Leben; Göttlich zu handeln – ists ihm nicht so natürlich, wie Menschen menschlich zu handeln? Was für uns Gnad ist, ists Gott nicht Natur?

4.

Auf einem Boden Millionen Blumen; auf einer Erde Millionen Menschen; in einem Menschen Millionen Gefäße, Nerven, Fibern; in allen Gefäßen, Nerven in Fibern ein Leben; in allen Blumen derselbe Geist; in allen Menschen derselbe Gott.

O Geheimniß! O Offenbahrung! Ein Leib, ein Geist, ein Gott und Vater über alle, durch alle, in allen.

5.

Das Laster ist dir das liebste, wider welches du am unliebsten predigen hörst.

6.

So viel schwerer die Lobsucht in der einen, so viel leichter deine Tugend in der andern Waagschale.

7.

Wer nicht siegt, wenn er angegriffen wird, ist kein Held – Wer seine Zunge nicht bezähmen kann, wenn er zum Zorn gereitzt wird, ist nicht sanftmüthig.

8.

Wer seinen Freund beneidet, der ihn seegnet, was wird der dem Feinde thun, der ihm fluchet?

9.

Sprich nicht: Was werden Menschen auf Erden – sondern sprich: Was werden Engel im Himmel von mir urtheilen?

10.

Du bist kalt und foderst warme Liebe? Eigennützig und ehrsüchtig, und buhlest um Freundschaft? Das heißt: Du schlägst mich mit der Faust aufs Auge, und sprichts: Küsse mich!

11.

Unschuld – Fehl – Tugend – Güte – die vier Stufen der menschlichen Natur. Auf welcher stehest du? Unschuld ist Kindheit; fehlen die Jugend; Tugend die Mannheit; Güte das Alter.

12.

Kannst du das Aug hören, und das Gehör sehen machen? So kannst du durch metaphysische Demonstration das Gewissen, und durch moralische Empfindung den Demonstrationssüchtigen überzeugen.

13.

Wer dem nicht antwortet, der ihn fragt, der giebt dem nicht der ihn bittet.

14.

Ich will lieber eines Menschen, als eines Buchs Sclave seyn. Der Mensch kann hören und antworten; das Buch nicht. – Ich will lieber unter dem römischen Pabst, als unter dem Zwang eines menschlichen Lehrbuchs stehen.

15.

Wer seufzet, statt Gründe zu geben, und jammert, statt zu antworten; der ist ein Eiferer wider die Wahrheit, und ein Richter, der verurtheilt, eh er verhört.

16.

Jemehr du dir selbst mit Unrecht giebst; desto mehr rauben dir andere mit Recht.

17.

Das Rad strafte kein Laster, dessen du nicht fähig bist, wenn Geitz oder Neid dein Herz vergifften.

18.

Zeige nur den Faden an deinem Leibe, oder den Staub unter deinen Füssen, der nicht Wohlthat ist.

19.

Des Zuschauers uneingedenk, unwissend, daß sie handelt, handelt die Einfalt. Im Kinde, daß in der Kammer mit seiner Puppe, oder im Grase mit Blumen spielet, keinen Zuschauer denkt, der es seegnet oder neidet – da seh ich dich, Einfalt! Ziel und Seele der Tugend! Und in dir, sanfte, schöne, anmüthige Taube, wenn du vor mir im Lichte der Abendsonne wandelst, nicht denkst, wie schön du bist, staunt gleich mein Auge deinen wallenden Farbenglanz an.

20.

Wer alles sehen will sieht nichts; Wer alles thun will, thut nichts; Wer mit allen redet, redet mit keinem. Sieh Eins, und du siehst alles; Thu Eins und du thust alles; Rede mit einem allein, und du redest mit unzähligen.

[...]

ADOLPH FREIHERR VON KNIGGE

Gesammlete poetische und prosaische kleinere Schriften

[1784]

Sprüche

Frömmeln, fleissig in die Kirche laufen und Gebethe herplappern, heißt nicht Religion haben; Grundsätze auskramen heißt nicht, tugendhaft seyn; Eigensinn und Starrsinn sind nicht Festigkeit; Dünkel und Zuversicht auf eigene Einsichten nicht Bewußtseyn innerer Größe; Grobheit ist nicht Aufrichtigkeit; und brausende Flamme kein wärmendes Feuer; Bizarrerie ist nicht Eigenheit; Schwäche ist nicht Güte, Furchtsamkeit nicht Sanftmuth; Hingeben, was man nicht zu schätzen weiß, heißt nicht freygebig seyn; Mangel an Lebensart ist nicht Popularität, und verachten, was man nicht erlangen kann, nicht Entäusserung; Menschen heruntersetzen, die uns gedrückt haben, das ist nicht, jedem Recht wiederfahren lassen; Privatrache üben, heißt nicht die Parthie der guten Sache nehmen; seine Spießgesellen, Schmeichler und Creaturen vorziehen, heißt nicht, sich zu dem Häuflein der Edlern halten; Schimpfen heißt nicht eifern; Schwätzen nicht philosophieren, und Unsinn sagen, nicht dichten.

Der ruhmwürdigste Mann ist oft der, von dem niemand spricht, und dessen Nahme im Leben in keinem Buche und auf keiner Visitencarte gedruckt, im Tode auf keinen Stein gegraben steht; der größte nicht selten der, den kaum seine Nachbarn kennen; der fleissigste zuweilen der, welcher am mehrsten Muße zu haben scheint; der weiseste wohl der, welcher bescheiden ist, und zu rechter Zeit zu schweigen versteht; der gelehrteste mehrentheils der, welcher mehr Unterricht sucht als austheilen will; und der glücklichste gewiß der, welcher, wenn er sich am Abend Rechenschaft von seinen Handlungen giebt, nicht zu erröthen braucht vor sich selbst, sondern mit gesundem Leibe und mir Frieden in der Seele einschlafen kann, um heiter zu erwachen.

Wenn ein Spieler zu Dir kömmt; so verschliesse Deinen Kasten, und wenn Dir ein Hofmann lächelt; so verschliesse Dein Herz!

Mit Reichen und Vornehmen rede nie von Deinen häuslichen Leiden und Freuden!

Borge lieber Geld von einem Wucherer als von einem Freunde!

Gieb lieber dem König eine Maulschelle als dem Pfaffen ein böses Wort, oder ein gutes zu wenig!

Bey armen Schriftstellern ist jeder Federstrich ein Krumen Brod.

Medicina est ars privilegiata, faciendi experimenta ignorantiae, in corporibus aegrotorum.

Wenn Du wissen willst, ob jemand Dein aufrichtiger Freund sey; so thue ihm irgend einen Antrag, welcher sich anfangen muß mit der Vorrede: «Sie können mich, mein Freund! aus meiner Verlegenheit ziehen, aber ich wage es kaum» *u.s.f.* Gieb dann Acht auf sein Gesicht, ob es sich nach und nach von der süßen Freundlichkeit zum Ernst und zur kalten Entschuldigung herabspannt!

Hast Du Muth und Verleugnung; so gieb Deine *Confessions* bey Lebzeiten heraus!

Siehe zu, ob der Mann mitlächelt, wenn sein Freund verspottet wird!

Menschliche Gesetze sind Vorschriften, welche die Großen der Erde geben, und die dahin abzielen, ihnen die Freyheit zuzusichern mit den Kleinern machen zu dürfen, was sie wollen, ohne daß diese Gleiches mit Gleichem vergelten dürfen.

Wer bey Priestern Toleranz sucht, der darf auch von Räubern Schutz erwarten.

Vergiß nicht das alte deutsche Sprüchwort, daß ein Fisch und ein Gastfreund nur drey Tage lang im Hause gut bleiben!

Wer auf sein Zeitalter würken will, der muß den Ton seines Zeitalters kennen. Den Kindern überzuckert man die Pillen, und dem Säufer giebt man die Arzeney in Brandtewein ein.

Ein freyer offenherziger, thätiger Mann liebt of[f]ne Thüren und Fenster.

Wenn man Sprachen lernt; so lernt man nicht blos sprechen. Die Richtung des Nationalgeistes drückt ihr Gepräge auf die Art ihre Begriffe zu ordnen, und man sammlet neue, anders geordnete Ideen, wenn man fremde Sprachen studiert.

Johann Caspar Lavater

Salomo,
oder Lehren der Weisheit

[1785]

Zugabe

669.

Sey sicher, daß das nicht ganz gut ist, wobey du an einen sichtbaren oder unsichtbaren Zeugen zu denken nicht geneigt bist.

670.

Der ist gewiß ein vorzüglich guter Mensch, dessen Feinde alle gewiß böse sind.

671.

Der ist gewiß ein erzböser Mensch, dessen Feinde alle erzgute Menschen sind.

672.

Es ist mehr Grösse der Seele, einem Freunde abschlagen zu dürfen, wo man nicht geben soll, als einem Feinde zu geben.

673.

Schohnung des Schwachen – Bedeckung seiner eignen Vorzüge – Duldung des Überlästigen – Aufmerksames Anhöhren des langweiligen Gutherzigen – sind schöne Edelsteine in der Krone der Tugenden – Aber der schönste ist – Verschweigung eines Geheimnisses von einem Fehltritte deines Feindes, der keine deiner Tugenden unangefochten hingehn läßt.

674.

Tugend ohne Ordnungsliebe gleicht einem von Natur schönen Gesichte, das sich nie waschen will.

675.

Je besser ein Mensch ist, desto böser ist der, welcher ihm wehzuthun willens ist.

676.

Je schlimmer ein Mensch ist, desto besser ist der, welcher ihn mit weiser Schohnung und grossem Edelsinne behandelt.

677.

Eine Zähre über dein Unvermögen Gutes zu thun ist dem Himmel heiliger als die ihm heilige Zähre des Elends.

678.

Wenn du noch so unschuldig verläumdet wirst, so wirst du dennoch schwerlich sagen können – «Ich habe nie keinen verläumdet, der so unschuldig war, wie ich.»

679.

Wer sehr schnell ißt, wird sehr selten behutsam handeln.

680.

Schau dich dreymahl um, eh du etwas sprichst, was vielleicht einen guten Menschen beleidigen könnte, wenn er's höhren würde.

681.

Wer seine Worte wie Gewürze wiegt – wird seine Thaten auf der Goldwage wägen.

682.

Wer anders handelt, wenn er weiß, daß er beobachtet wird, als wenn er sich unbeobachtet glaubt, wird sehr selten ganz wahr handeln. Ganz wahr handeln heißt, ohne Zeugen, wie vor Zeugen handeln.

683.

Fürchte dich vor dir selbst, wenn du keinen Herzensfreund hast – und sey sicher, daß du kein ganz guter Mensch bist – wenn die Gegenwart des feinen, tief empfindenden, ganz Guten dich in Verlegenheit setzt.

684.

Fange nichts an, dessen Ende du nicht absiehst, es sey denn Pflicht oder Tugend.

685.

Wer, als ein Unsinniger, braucht seine Taschenuhr, wie einen Dreschpflegel? – Bist du aber nicht noch unsinniger, wenn du das göttlichste Werkzeug der Sprache brauchst den guten Namen deines Nebenmenschen zu zermalmen?

686.

Wer unvergeßliche Wohlthaten erweisen will – der vergesse sie, sobald er sie gethan hat.

687.

Völlige Gewißheit und völlige Unbegreiflichkeit zugleich, ist – ein Strahl aus dem Angesichte Gottes.

688.

Ohne die tiefste Schmach ist die höchste Ehre nicht möglich – Die höchste Ehre ist Eins mit der höchsten Tugend. Die höchste Tugend, ohne die schimpfliche Mißhandlung ist unmöglich. Die Großmuth des Mißhandelten richtet sich nach der Ungerechtigkeit und Schimpflichkeit der Mißhandlung. Der völlig glückliche als solcher kann nicht tugendhaft seyn. Ohne Widerstand läßt sich keine Kraft, ohne Hindernisse keine Tugend gedenken.

689.

Wer Natürlichkeit nicht liebt, der ist nicht natürlich.

690.

Wer wahrer Empfindsamkeit hohnlächelt, ist so gewiß ein böser Mensch, oder ein Schalk, als der ein Narr ist, der mit Empfindsamkeit Ostentation treibt.

691.

Wer einen Liebenswürdigen haßt, der ist ein Narr, oder ein Bösewicht.

692.

Wer dem Bessergewordenen vergütete Fehler noch vorrückt, – über deß Haupt wird Raabengeschrey gehöhrt werden.

693.

Je weniger du willst, desto mehr wirst du wollen dürfen.

694.

Liebe und Achtung sind Vater und Mutter des unbegränzten Zutrauens.

695.

Wie Wohlwollen Wohlthat zeugt, so Wohlthat Wohlwollen.

696.

Willst du Alles können? – Will immer mit allen deinen Kräften nur Eins!

697.

Du kannst unendlich viel, wenn du schweigen kannst, wo reden nichts fruchtet.

698.

So gewiß der, welcher nie nichts geben will, unerbittlich hart ist, so gewiß ist der, welcher nie nichts annehmen will, unerträglich stolz.

699.

Spricht einer nach einander von zehn Personen nur Übels, so ist er sicherlich ein Heuchler, oder ein böser Mensch, oder beydes zugleich.

700.

Eine einzige Handlung der Tugend, das ist, der Weisheit, des Wohlwollens und des Muthes ist mehr werth, als sechshundert neun und neunzig Lehren der Weisheit auswendig wissen.

Jean Paul

Mixturen
für Menschenkinder aus allen Ständen

[1786]

Meiner abgerissenen Einfälle erste Lieferung

Es giebt sehr viele Präparate, Leichname, Statuen, ausgestopfte Menschenhäute, Mumien und große französische Puppen; und doch giebt es wenig Menschen.

Die Gesezze haben einem Mädgen die Iniurienklage wegen eines Kusses nur in dem Falle zugelassen, wenn es ihn wider seinen Willen bekam. Allein, nimmt man nicht offenbar mit dieser Einschränkung auf der einen Seite alles wieder, was man auf der andern zu geben schien? Denn der Fall, daß eine Schöne den Kus, der ihr aufgedrungen worden, nicht vorher verlangt hätte, ist genau erwogen, gar nicht möglich. Wenn daher dieses Gesez den Schönen wirklich Vortheil bringen soll: so muß es, wie es scheint, schon so verbessert werden, daß allen Damen auch dann die Iniurienklage verstattet sein soll, wenn iemand sie mit ihrer eignen Einwilligung geküsset hätte.

Unser Leben, das sagen die größten Fakultisten, ist ein bloßer Kinderstand: nur ist der eine ein Wechsel- der andere aber ein Propheten- und Sonntagskind; im andern Leben erst werden wir, wenn wir den Körper, dieses Flügelkleid abgeleget, maioren sein, und vielen Verstand zeigen. Und doch wollen manche sich iezt schon, eh' sie todt sind, als Männer betragen. Wie wir nämlich bei unsern Kindern das Gedächtnis am ersten reifen sehen, und mithin am ersten zu beschäftigen suchen: so ist dieses auch bei uns großen Kindern die reifste Se[e]lenkraft, die wir vorzüglich warten sollten, weil die übrigen (z. B. der Verstand) erst im Himmel oder im Treibhaus der Hölle in Blüte ausschlagen. Kann man also wol von seiner ganzen Bestimmung hieniden weiter abkommen, als wenn man eifrig Dingen obliegt, die doch wenig oder nichts dazu beitragen, daß man ein großer Gedächtnißgelehrter wird, sondern die lediglich nur unsern Verstand verbessern und üben?

Ein Autor, der den Leser nicht einschlafen lässet, gleichet nur gar zu sehr einem römischen Tyrannen, der die Missethäter durch die Veriagung ihres Schlafes quälte und tödtete; und es macht der Empfindsamkeit unserer meisten Autoren wahre Ehre, daß sie hierin mitleidiger denken.

Das Mitleiden ist etwas, das einen König nicht kleiden will. Denn er ist ein wahrer Vater des Vaterlandes, und die Unterthanen sind seine ächten Kinder. So wie nun ein verständiger Vater nie Mitleiden mit seinen Kindern, wenn sie fallen oder sich verwunden, verrathen wird, weil dieses sie verzärtelt, und ihre Empfindlichkeit vergrößert: so wird sich auch ein kluger Regent allzeit hüten, einiges Mitleiden mit den Unglücksfällen seiner Unterthanen, es sei durch Worte oder durch Thaten an den Tag zu legen, und er wird vielmehr ganz kalt und gleichgültig gegen ihre Widerwärtigkeiten zu sein wissen. Ein rechtschaffener Edelmann, der nur ein kleiner Regent ist, wird es auch nicht anders machen.

Ein Tyran fället den Geist früher als den Körper an; ich meine, er sucht seine Sklaven vorher dumm zu machen, eh' er sie elend macht, weil er weis, daß Leute, die einen Kopf haben, ihre Hände damit regieren, und sie gegen den Tyrannen aufheben. Der Henker ahmt ihn nach, und *verbindet* dem Missethäter die *Augen,* bevor er ihn *foltert.*

Meiner abgerissenen Einfälle zwote Lieferung

Herr K-th lässet seinen Namen abdrukken, um ihn groß und berühmt zu machen; ich glaube aber, er könte ihn noch größer machen, wenn er ihn in einen – Kürbis schnitte. Denn der Kürbis und der Name eines Kürbis wüchsen dann zum größten Vergnügen unsers Planetensystems mit einander groß.

Gewisse Wilde verehren den guten Gott, damit er ihnen nüzze, und den Teufel, damit er ihnen nicht schade; wir Christen kehren es um, und gehorchen dem guten Gott, um von ihm nicht gestraft zu werden, und dem Teufel, um Nuzzen von ihm zu ziehen.

Ich hinterbringe hiermit den Burgermeistern, daß sie bisher ohn allen Grund so sehr vor der Folter in Sorge gestanden: denn es darf sie niemand auf dieselbe spannen, sowol ihrer *Würde* als ihres *Fettes* wegen.

Mit Recht sagt das Sprichwort: Wenn große Herren sich raufen, so müssen die Unterthanen die Haare hergeben. Denn man seze auch, diese großen Herren trügen glüklicher Weise Perükken und fielen in diese einander: so muß man doch bedenken, daß die Perükken lediglich aus Haaren, die man *todten* oder *hingerichteten* Unterthanen abgeschoren, gewebet worden. Man kan dieses daher die *Tonsur* des Unterthanen heissen, der das Gelübde der *Armuth,* der *Enthaltsamkeit,* und des *Gehorsams* thut, um seinen Herrn dadurch in den Stand zu sezen, die drei entgegengesetzten Gelübde zu leisten und zu halten. Daher die alte Mönchsregel: Monachi est plorare, non docere.

Solte man nicht von einem gewöhnlichen Advokaten wie von einem Frauenzimmer Unwissenheit der Rechte vermuthen dürfen? Und warum macht er sich diese Rechtswohlthat so selten zu Nuze?

Aesop behauptet freilich, daß Prometheus den Teig, woraus er uns arme Nürnberger-Puppen knetete, mit Thränen statt des Wassers angefeuchtet; allein ich habe Grund zu glauben, daß er lügt. Denn ich will hoffen, daß er die Damen mit *Schönheitswasser,* die Stabsofficiers mit *Couragewasser* oder mit einem *Liebestrunk,* die Mönche mit kostbaren *Weihwasser* eingemacht. Auch hätte Prometheus so geschikt fortfahren sollen als er angefangen; allein er versah es gänzlich, und sorgte schlecht für seine Ehre, da er in mein Wesen, offenbar *Scheide- Bitter-* und *Haderwasser* einwirkte, und in das des armen Lesers gar einen starken *Schlaftrunk.*

Ein Geistlicher sagte zu mir: «seinen geistlichen Ornat könte ich sehr gut für das Sterbe- und Todtenkleid seiner Laster ansehen.» – «Glücklicher Weise, versezte ich, ist das völlig richtig, und ich habe auch stets nicht anders geglaubt, als daß *Dero* Laster den Juden gleichen, die sich ihr Sterbekleid schon viele Jahre vor ihrem Tode machen lassen, und es am langen Tage wirklich anlegen. *Dero* Laster thun es sogar ieden Sonntag, und erinnern sich daran, daß ihr Leben nur 70, und wenns hoch komt, 80 Jahre währet.»

Gleich der Obrigkeit in Rücksicht der Missethäter, sehen es die Köchinnen, wenn sie Geflügel abschlachten, ungern, daß einer zusieht der mitleidig ist: «Es kan, sagen sie, dann nicht wohl ersterben.» O ihr Scharfrichter der Thiere, die von euch mehr als 10 Verfolgungen erdulden mußten, ihr Köche, früher würden vielmehr eure arme Opfer sterben, wenn ihr eben mitleidiger wäret, und nicht ihre Martern vermehret, um unser Vergnügen zu vermehren.

Wenn es schon die Pflicht eines Advokatens ist, für den zu eifern und zu fechten, der eine sehr ungerechte Sache hat: so kan es noch weit weniger seiner Bestimmung entgegen sein, eine gerechte zu beschüzzen. Ich glaube daher nicht den Posten eines Advokaten, auf den man mich gestellt, entehret zu haben, wenn ich zuweilen das Corpus juris zum *Zeughaus* gebrauchet, woraus ich Waffen zum Schuzze einer guten Sache genommen. So hab' ich zum Beispiel die Rechtsregel: «Was man verschenken darf, das hat man auch das Recht zu verkaufen,» so gut angewendet, daß ich neulich mit ihr sowol der Billigkeit, als den Großen Frankreichs einen wirklichen Dienst erwies. Ich sagte nämlich: da doch offenbar ieder Landesherr das Recht besizt, die wichtigsten Ämter völlig gratis zu vergeben – denn man sieht es leider alle Tage, daß Personen, die nichts haben, als ein wenig überflüßigen Verstand, den kein Geld veredelt, dennoch bedeutende Ämter erobern – so muß er, wenn iene Rechtsregel richtig ist, ia auch nothwendig zugleich das Recht haben, die Ämter blos verkaufen und sie vom Aukzionsproklamator dem Meistbietenden zuschlagen zu lassen. Dieser Schluß hat, wie ich vernehme, dem ganzen Frankreich, wo der Ämterhandel so sehr blühet, wohlgefallen und es für mich eingenommen.

Aelian behauptet, die Klaue eines Habichts zöge Gold an sich. Ich ließ mir demnach einen Habicht und Gold kommen; fand aber die sympathetische Anziehung nicht, die ich erwartete. Ich muthmaßte, daß Aelian die Sache vielleicht figürlich nehme. Ich ließ mich daher einen frischen Versuch nicht dauern und verschafte mir eine *figürliche* Habichtsklaue. Neben diese legte ich einen alten Louisd'or und in einiger Entfernung einen schlecht vergoldeten – Szepter; und zu meinem größten Vergnügen *zog* die Klaue das Metall und den Szepter nicht nur an, sondern sie – worüber wir uns alle nicht genug verwundern konten – *grif* auch sogar darnach. Solche Erfahrungen zieren, dünkt mich, den wahren Philosophen, und man solte ihrer mehrere machen und beschreiben, weil sonst nicht zu hoffen steht, daß man es noch vor Ablauf des Jahrhunderts in der finstern Lehre von der Sympathie zu etwas erheblichen bringen werde. Der Leser probier es inzwischen doch selber mit den Habichtsklauen, ob sie sein Gold, wenn er es ihnen hinhält, wirklich sympathetisch an sich ziehen.

Mein Mitleiden mit dem Herrn v. D. war stets aufrichtig und gut gemeint; denn er hat zu viel Plage und ist dabei unschuldig wie ein Kind. Wodurch hat seine Sele es verdienet, daß sie ihren *Milchbruder,* den Körper alle Tage verschönern muß? Der Friseur zwikket seine tadellosen Haare alle Morgen – und das ist auch in den Gerichtsstuben die gewöhnliche Zeit der Folter – mit glühenden Zangen und thut ihm einen Pudermantel um, den ich seinen *dänischen Mantel* oder doch *Marterkittel* nenne; die Jurisprudenz foltert doch nur gesunde Glieder, aber der Schuster leget seinen siechen Füssen statt der *spanischen Stiefel* enge Schuhe an; seine ganze Lebensgeschichte ist eine wohlgemachte Passionsgeschichte, indem ihm der Schneider statt des Purpurmantels des Herodes, zur Schmach ein modisches Narrenkleid anzieht, das ihn zu lächerlich macht, indem ihn der Friseur ferner mit einer Dornenkrone von Haarnadeln verwundet, indem er weiter sich selbst Essig zu trinken giebt, um eine magere Taille zu bekommen und indem er endlich so den ganzen Tag gekreuzigt wird, bis er Abends das Haupt neigt, und – einschläft. Wer dieses martervolle Leben eines Menschen, der seine größten Sünden alzeit bis auf den Traum hinaus verschoben und mit Wissen noch keine Sele betrübt oder umgebracht, mit einiger Aufmerksamkeit in Erwägung zieht: der verfället auf allerlei sonderbare Gedanken über das Wesen des Herrn v. D. und aller Stuzer überhaupt – denn ihnen ist allen ein gleiches herbes

Schiksal beschieden – und ist zulezt lieber geneigt zu glauben, daß die Stuzer insgesamt nur empfindungslose Maschinen sind, als daß es Wesen gäbe, die bei aller ihrer Unschuld dennoch so sehr gepeinigt würden; wenigstens geben diesem Schlusse die Kartesianer viel Gewicht, welche aus einem ähnlichen Grunde die Thiere für Maschinen erklärten, weil sich, wenn sie wirklich empfänden, ihre vielen Martern nicht mit ihrer Unschuld reimen liessen. Auch haben daher schon manche Satiriker wirklich behauptet, daß die Stuzer blos Maschinen sind.

Meiner abgerissenen Einfälle lezte Lieferung

Die Autoren sind mir lieber als die H-. Diese geben ihre *Schwangerschaft* für eine *Wassersucht* aus; iene aber kehren es um und behaupten, daß sie ein wohlgebildetes Büchlein im Kopfe tragen, ungeachtet in der That nichts da ist als ein wenig viel Wasser.

Wir loben zuweilen noch ein englisches Buch und vergnügen uns noch an dem Schimmer und den Stralen desselben, indessen es vielleicht in England selbst längst untergegangen ist: so behaupten einige Astronomen, daß wir auf der Erde manchen Fixstern schimmern sehen können, der, während daß sein Licht zu uns herunterreiste, sich aus dem Himmel verlor.

Das Laster ist der *Ballast* unsers Erdballes und es wird zu seiner Zeit schon ausgeworfen und versenket werden.

Aus der Kirchengeschichte sind die Monotheletisten ganz wohl bekannt. Es waren Kezer, die Christo, der nach seinen zwo Naturen zwei Willen hat, nur Einen zuschreiben. Meines Erachtens ist es aber nicht gut, daß man diese Kezer für seltener hält als sie wirklich sind. Denn ich kenne selber Monotheletisten, welche es, wiewohl blos von den Damen und Regenten beschwören wollen, daß diese stets nur Einen Willen hätten. Und doch wäre dieses die fatalste Monotonie in der Sele; auch beweiset es die Erfahrung satsam, daß wenigstens die Damen allezeit zwei Willen, einen menschlichen und einen göttlichen, einen bösen und guten, wirklich hegen, und keine Sache verlangen, die sie nicht auch zugleich, wenigstens im nächsten Augenblikke, nicht wollten; und die *Einheit der Handlung* ist etwas, das sie so sehr wie der beste englische Tragödienschreiber zu verachten streben. Gleich körperlichen Missgeburten sind ihre Selen mit zwei Köpfen versehen.

Wenn ich einmal ins Gleichnismachen komme, so weis ich weder Ende noch Ziel, und das oft über die nämliche Sache. Sag' ich z. B. vom Gesichte einer Dame, die sich schminkt, sind zwo Ausgaben vorhanden, eine ohne, und eine mit *illuminirten Kupfern:* so bin ich nicht vermögend, damit schon aufzuhören; sondern ich sage noch: Die Schamröthe wird auf solchen geschminkten Gesichtern in effigie gehangen – ich nenne die Schminke die Titelvignette des Gesichts – und den Kopf eine gute Porträtbüchse, die das Porträt der Dame, das sie selbst gemalet, enthält, daher einige die Damen zu den besten Porträtmalern gesellen – ich glaube gar, ich fange dann an die Schminke die lezte Öhlung der sterbenden Schönheit zu heissen – ia ich werfe den Jünglingen, die diese zwei *Blumenstükke* auf dem Gesichte anbeten, den *Bilderdienst* vor – und lasse nur dann mit der Sache völlig nach, wenn ich die Farbenhändler die Montirungslivranten der weiblichen Wangen geheissen habe.

Die Schönheit zieht uns Männer an; ist sie aber, gleich einem armirten Magnete, noch mit Golde oder Silber bewafnet, so zieht sie uns, wie es scheint, noch sechsmal stärker an.

Es giebt Länder, wo man Leibesnahrung und Nothdurft so sehr liebt, daß die Einwohner Christum, wenn er noch einmal Besessene heilte, ersuchen würden, ihre Schweine doch mit den Teufeln zu verschonen, und diese lieber, wenns ia keine andere Auskunft gäbe, etwan in sie selber ziehen zu heissen.

Wie man das Vieh auf die Äkker treibet, das Getreide abzufressen, damit es nicht zu stark schiesse: so treibe man doch die sämtlichen Rezensenten auf unsere Autoren und lasse ihre scharfen Zähne die Auswüchse des Genies ganz gut beschneiden.

Marianne Ehrmann

Kleine Fragmente für Denkerinnen.
Von der Frau Verfasserinn der
Philosophie eines Weibs

[1789]

Kleine Fragmente für Denkerinnen

Frauenzimmer sind eigentlich, nach dem härtesten Männersinn nur zur häuslichen Arbeit verwiesen. Wenn sich aber ihr Geist in müßigen Stunden bis zur denkenden Beschäftigung empor zu schwingen weis; dann gefällt es den Herren der Schöpfung doch, sobald sie in ihren Weibern nicht bloße Maschinen umarmen.

Wenn einige Männer über die geistigen Beschäftigungen der Frauenzimmer beißende Anmerkungen machen; so thun sie es gewiß bloß aus Vorurtheil, aus Neid, aus Herrschsucht, oder aus Mißtrauen; indem sie von uns keine gute Stunden-Eintheilung erwarten. Freilich gehört Wirthschaft zu den Hauptbeschäftigungen, aber Seelenbildung steht ihr zur Seite.

Vernünftige Frauenzimmer theilen ihre Stunden ein, wiedmen einige der Erziehung, der Wirthschaft der Gatten-Zärtlichkeit – – und des Geistes Nahrung.

Leider giebt es Frauenzimmer, die ihre Arbeiten so unordentlich an einander reihen, daß sie bei all ihrer sauern Beschäftigung am Ende doch nichts Ganzes herausbringen können. Warum? weil sie jede Unternehmung gedankenlos treiben, denn so mechanisch die Wirthschaftsgeschäfte immer seyn mögen; so erfodern sie doch allezeit Gegenwart des Geistes, Ueberlegung, Kopf. – – Eine undenkende Hausfrau bleibt ewig eine schlechte Wirthin. Und doch schreien einige Bigotten so laut über die moralische Bildung der Mädchen!

Lehrt doch euere Weiber zu erst denken und urtheilen; dann folgt die Kenntniß der Wirthschaft ganz natürlich von selbst nach. Vernunft leuchtet überall hin, ohne sie bleiben die Frauenzimmer Mägde, deren Nase nicht weiter reicht, als es ihre niedrige Denkungsart erlaubet.

Geistige und körperliche Arbeit ist allen Menschen nützlich; folglich auch den Frauenzimmer. Ohne sie darbt der Mensch an Leib und Seele. Sie allein erhält beide in demjenigen Wohlstande, der ihnen von der Vorsehung zur Wohlthat mitgetheilt wurde.

Wer ein auszehrendes Seelenfieber in seiner qualvollen Gräßlichkeit erblicken will, der beobachte einen Müßiggänger.

Gutgewählte Arbeit bleibt immer die Lieblingsbeschäftigung einer Denkerinn. Putz-Tändeleien gehören nicht hieher. Ohne Beschäftigung stumpft sich auch der feuerigste Geist ab. – Langeweile macht frühe zum Grabe hinwelken. Wie erbarmenswürdig muß nicht der Zustand jener Frauenzimmer seyn, die nichts denken, nichts arbeiten wollen? – – Wer die Arbeit nicht liebt, lebt nur halb, tödtender Eckel verbreitet sich über ein solches Pflanzenleben. – – – So bald dem thätigen menschlichen Geist die gehörige Beschäftigung versagt wird; so eilt er aus Langweile schnell zu denjenigen Leidenschaften über, die sich ihm ohne den Müßiggang nie genaht haben würden.

Artigkeit, gefälliges Wesen scheint ganz die Bestimmung des sanften weiblichen Geschlechts zu seyn. – – Nur muß diese Artigkeit nicht in überflüßige Komplimenten ausarten – – – – in Komplimenten, die einen Zweiten in die gröste Verlegenheit setzen, seine Zunge zu Danksagungen so oft auffodern, daß sie eintrocknen möchte. Doch dies ist meistens nur die Beschäftigung für Klosterzöglinge, oder steifer – Bürgerinnen.

Zur wahren Artigkeit gehört Seelenbildung – – – – Menschenkenntniß – – Erfahrung – – gesunde Beurtheilungskraft. Ohne diese Triebfedern bleiben die meisten Frauenzimmer ewig steife Puppen, die alles, was sie umgiebt, gähnen machen.

Ueberhaupt erhielten die meisten Frauenzimmer von der lieben Natur Anlage zum Wiz. Er bedarf nur durch eine moralische Bildung jener guten Wendung, daß er nicht auf anderer Unkosten emporragt. So sehr auch die Männer in gewißen Launen über unser schwaches Geschlecht die Nase rümpfen; so müßen sie doch bisweilen ihren Nakken willig den Hieben eines wizzigen Frauenzimmers darbieten. Ach daß Gott erbarm! über die schwerfälligen Mannsleute, die erst zu denken anfangen, wenn wir sie schon übertroffen haben!

Zwischen munterm Wiz, beißender Spötterei, reizender Munterkeit und zügelloser Frechheit herrscht ein mächtiger Unterschied. Viele Frauenzimmer verfallen auf diese Extreme, und dies blos aus Mangel an gutem Umgange. Mütter sperrt eure Töchter nicht zu scharf ein, wenn ihr dem Uebel ausweichen wollt, das nach der Hand in Gesellschaften ihrer wartet.

Ein gebildetes Frauenzimmer verbreitet in jeder Gesellschaft neues Leben. Sie allein ist es die den Denker zum

Entzükken hinreißt, den Weichling beschämt, den Thoren auslacht. – – In unserm Jahrhundert fordert man von uns mehr, als bloßes sinnloses Geschwäz, taktmäßige Etikette oder heuchlerische Ziererei.

Die Kunst sich in Gesellschaften beliebt zu machen, verstehen nur wenige Frauenzimmer. Ihre Eigenliebe, ihre Eitelkeit macht sie die Nachsicht gegen andere vergessen. Nichts ist in einer Gesellschaft unduldsamer als ein ungebildetes Frauenzimmer, überall bleibt ihr Neid kleben, um über Dinge zu spötteln die ihren Horizont übertreffen. Daher die Lieblingsbeschäftigung der Weiber, das Machtwort – die Verläumdung.

Aufmerksamkeit auf alles, was um uns her vorgehet, leitet zum Nachdenken, liefert uns Stoff zur Menschenkenntniß, erweitert unsere Gefühle, beschäftigt die Einbildungskraft, dient zur Unterhaltung, macht uns zu wahren Menschen.

Aufmerksamkeit auf andere ist in so fern gut, wenn man durch sie Tugenden erblicken will; doch nur zu oft dient sie bloß dazu, um Schwächere zu tadeln.

Verstellung wird dem Aufrichtigen eben so schwer, als dem Lasterhaften die Rückkehr zur Tugend.

Aufrichtigkeit, wenn sie nicht an alberne Schwazhaftigkeit gränzt, ist eine der ersten Tugenden, fähig, ein Herz von Fehlern zu bewahren, deren es sich zu schämen hätte. Für gute Menschen ist es härter, ihre Herzen zu verschließen, als es für Heuchler ist, die ihrigen ohne Maske zu zeigen. –

Der Aufrichtige wird immer zum voraus zehenmal betrogen, ehe er es nur dahin bringt, sein zutrauliches Herz zum Mißtrauen zu bewegen. Nur Erfahrung allein ist fähig, diese schöne Tugend mit Klugheit zu verbinden, die so oft und so gerne auf Unkosten guter Seelen mißbraucht wird.

In gewißen Lagen wird Aufrichtigkeit ohne Ueberlegung unser gröster Feind, der uns stündlich, augenblicklich schaden kann – – sie darf nur an einen Höfling verschwendet werden.

Aufrichtigkeit zwischen Eheleuten, Freunden, Kindern, Aeltern, ist unentbehrlich, wenn anders diese schönen Bande nicht reißen sollen, ehe sie fest genug geknüpft sind.

Biedere aufrichtige Seelen tragen, mit Yorik zu sprechen in ihrem ganzen Wesen einen sprechenden Empfehlungs-Brief bei sich. Die Natur gab ihrem Thun und Lassen etwas Ungenanntes, um Anderer Zutrauen desto leichter zu gewinnen. Doch nur selten findet man noch in unseren Zeiten diese reinen Spuren der unverdorbenen Natur. Politik, Leidenschaften, Schwelgerei haben sie, wo nicht ganz vertilgt, doch ziemlich unkennbar gemacht.

Lebhafte Menschen – – wenn es ihnen anders nicht an moralischer Bildung fehlt – – sind selten einer tiefen Verstellung fähig. Zur Verstellung und Heuchelei gehört Kälte und ruhiges Blut. –

Nichts ist für den Denker reizender, als die naive Aufrichtigkeit eines Mädchens. Warum behaupten nur zu oft Bauernmädchen bei den Männern den Vorzug? – – Unstreitig, weil sie die an Seele und Leib gekünstelten Stadtdamen mit naiver Aufrichtigkeit übertreffen. Selbst bei den Gefühlen der Liebe kennen diese Naturkinder weder Verstellung noch Zierereien.

Ich begreife nicht, warum unsere Stadtmädchen die Gefühle der Liebe zu verheimlichen suchen. Oder leben nicht etwa die meisten über das Wort Liebe im Mißverstande? – – Hätten sie von einer auf Tugend gegründeten Liebe die wahren Begriffe, wüßten sie den moralischen Endzweck von dem bloß physischen abzusondern, nie würden sie Liebe im wahren Verstande für einen lasterhaften Trieb halten, über den sie zu erröthen Ursache hätten.

Kann das weibliche Geschlecht bei den unersättlichen Wünschen, die es nährt, sich einen beßern Zustand denken, als den, wenn es den wahren Genuß des Lebens zu finden weis? Doch worinn besteht denn dieser wahre Genuß? – – – Belieben sie darüber nachzudenken meine Freundinnen!

Wer nicht nachdenkt, erhält keine Grundsätze; wer deren keine hat, lebt ein bloßes Pflanzenleben, und wem dieses zu Theil wird, der ist lebendig todt.

Warum sind so viele Frauenzimmer eigensinnige Trotzköpfe, oder übellaunigte Geschöpfe? Weil das schwache Männervolk eben diesen Fehlern selbst da noch schmeichelt, wo die Sklavenkette den kränkenden Männersinn schon in Staub drückte. Wohl bekomms den Schwachköpfen! – –

Wer Schwachheit, Laune, und jeden Widerspruch in ihrer vollen Stärke erblicken will, der betrachte ein undenkendes Frauenzimmer. –

Immer fängt das Weib eher an in jeder Leidenschaft auszuarten, als der Mann. Die Rachgierde eines Mannes erreicht die eines Weibes lange nicht.

Die Weiber könnten den Männern alles seyn; aber sie sind ihnen nichts; denn unter hunderten erhält einer kaum eine, wie sie seyn soll. –

Nun mögen die Männer mit den vielen weiblichen Maschinen vorlieb nehmen; denn nur sie sind es, die sie meistens durch Schmeicheleien dazu machten; nur sie sind es, die mit unverzeihlicher Schwäche an der bloßen Larve kleben; nur sie sind es, die bei dem weiblichen Geschlechte mehr Nahrung für die Sinnen als für den Geist suchen.

Moralisch gut gebildete Frauenzimmer finden sich nur wenige. Entweder modeln sie sich zu steifen Gelehrten, oder zu mondsüchtigen Empfindlerinnen; am Ende oft gar zu pathetischen Sittenrichterinnen um. – – Wie unerträglich ist diese letzte Gattung Geschöpfe, wenn sie in Gesellschaften troz einem Schulmeister alles um sich herum mit Machtsprüchen erstikken wollen. – –

O über die altklugen Matronen aus deren eiskalten Herzen eine unnüzze Moral herströmt!

Mütter, Freundinnen, lernt zu erst die Kunst Herzen zu gewinnen, ehe ihr sie bilden wollt. – – Erst dann werden eure Grundsäzze in das feurige Herz der Jugend eindringen. – Bloß kalte Sittensprüche prellen an ihr nicht selten ohne den geringsten Nuzzen ab, sobald es der Sittenlehrerinn nicht gelingt, sie in jenem empfehlenden Gewande vorzutragen, das weder einschläfern, noch ermüden kann.

Der Sittenlehrer, der seinen Schüler feurig genug zu interessiren weis, der ihm kernhafte, mit Satire vermischte Moral auftischt, hat gewis zum voraus gewonnen Spiel. – – Wohl gemerkt ihr Herrn Schriftsteller, es giebt nur einen Ton, der unterhält, und zugleich bessert, aber unzählige die mehr verderben als gut machen, so redlich auch immer die Absicht seyn mag.

Nur wenige Schriftsteller besizzen genug Menschenkenntniß, um mit jener feurigen Beredsamkeit, mit jener vortrefflichen Kunst den Nutzen im menschlichen Herzen zu bewirken, den sie bewirken wollen. – –

Trockene Schwazhaftigkeit, einschläfernde, ellenlange Perioden, wizlose Anspielungen, strenger finsterer Tugendeifer, unduldsame Machtsprüche finden ewig nie den Weg zum menschlichen Gefühl. Bei einer solchen Lektur gähnt die Jugend, bleibt kalt, schlägt unwillig das Buch zu, oder schläft wohl gar ein.

Wozu dient viel Geschwäz, sobald der Schriftsteller den Weg verfehlt hat, mit wenig Worten und viel Sinn ins Herz zu dringen? –

Originalität im Schreiben ist ein Geschenke der Natur – – erreicht es ihr Afterschüler, wenn ihr könnt! – –

Dem weiblichen Geschlecht – – sagt man – – sey die Kunst: reizend, naiv, feurig, dringend zu schreiben, sehr eigen; aber nur wenige wagen sich mit ihren Geistesprodukten ans Licht, einige verfielen so gar in den Predigerton, wie kam das? ? ?

Wer ist sträflicher [:] der Schriftsteller, der mit feurigem, offenherzigem Schwung seine Gedanken, und Beobachtungen aufs Papier hinwirft; oder der Leser, der ihn aus Mangel an gesundem Verstand schief beurtheilt?

Ueberhaupt die Kunst, gut und mit Nutzen zu lesen, ist nur denen eigen, die denken, und die Kunst zu denken nur denen, die empfinden und richtig beurtheilen.

Warum nützt das Lesen so vielen Frauenzimmern so wenig? – – Weil sie selten so lesen, wie sie lesen sollten, weil sie meistens nur das benutzen, was ihren Lieblingsleidenschaften schmeichelt, weil die wenigsten Leserinnen bei dieser Beschäftigung denken; weil sie oft gar nicht wissen, was sie lesen.

Ein gutes Buch ist für denkende Frauenzimmer eine weit beßere Gesellschaft, als ein Häufchen eitler Gespielinnen, sie kann ihm Einwürfe entgegensetzen, Grundsätze bejahen, oder verneinen, ohne seine Eigenliebe zu beleidigen. Ganz natürlich, bloß in der Stille: denn welches sanfte weibliche Geschöpf hätte wohl den Muth, sich zum öffentlichen Kunstrichter aufzuwerfen? Wir müßen leider in unserer engen Sphäre bleiben, die uns von dem despotischen Geschlecht angewiesen wurde – – – – nicht wahr meine Freundinnen? ? ?

Oder ist es etwa nicht vorsichtig, daß man uns bloß in den Zirkel der Haushaltungskunst zurückwies? Schwachen Geschöpfen weist man auch angemessene Arbeit an. Indeßen werden die Herren Despoten auf unserer Erde auch in diesem Fache wenig von uns zu erwarten haben, wenn wir Leerköpfe genug wären, diese Kunst ohne Plan, ohne Ueberlegung, ohne Nachdenken auszuüben.

Männer [:] bildet den Weibern und Mädchen hinlänglich ihre Köpfe; macht diese fähig, die Folgen einer übeln Wirthschaft zu überdenken, lehrt sie säuberlich seyn ohne Koketterie, sanft ohne Schwäche, gut ohne Verschwendung, wirthschaftlich ohne Geiz, streng gegen Dienstleute ohne Rohheit, sorgfältig ohne Aengstlichkeit, herablassend ohne Erniedrigung, edel, stolz ohne Hochmuth, warm für Gatten- und Mutterliebe, religiös ohne Bigotterie, offenherzig ohne Unbesonnenheit, und eure Klagen über den Mangel an würdigen Frauenzimmern müßen dann verstummen. Wäre dies etwa nicht das Bild einer edeln Hausmutter? – – Aber nie kann es bei einer bloß sinnlichen Erziehung realisirt werden. Nur Geisteskultur ist die Schöpferinn einer gefühlvollen Mutter, einer zärtlichen Gattinn, einer guten Hauswirthinn.

Es giebt Frauenzimmer, die man im gemeinen Verstande gute Wirthinnen nennt, ohne daß ihre Seelen jene Bildung erhielten, die sie planmäßiger, gefühlvoller handeln machen würden. Kann aber ein Gatte, können die Untergebenen bei der bloß mechanischen Behandlungsart dieser Weiber so glükklich seyn, als sie seyn sollten? Sind nicht wilder Zorn, unerträgliche Launen, pöbelhafte Ausbrüche, jene barbarische Geiseln, denen sie oft augenbliklich ihren Nakken darbieten müßen? Glaubt mir Männer, solche Weiber sind der Beweis eures Unsinns, unter deßen bevorurtheilter Tirannei ihr dem weiblichen Geschlechte jene Seelenbildung versagt, die im Hauswesen durchaus voran gehen muß. Oder giebt es nicht tausend Fälle, wo ein Weib Kopf, Herz, Gefühl, Beurtheilungskraft nöthig hat? Hm! hm! daß wir doch bloße Tanzbären eurer und unsrer Leidenschaften bleiben sollen.

Nur zu oft ist Mißverstand der Beweggrund; wenn Aeltern, oder mürrische Brummköpfe der Jugend das Lesen untersagen; entweder darben sie selbst an Grundsäzzen oder kennen nicht den Unterschied zwischen schädlicher und nüzlicher Lektur, nicht die Art, wie sie ihre Zöglinge mit Vortheil zum Lesen anhalten sollen.

Es giebt eine Metode den Zögling mit gröstem Nuzzen zum Lesen anzuhalten. Was können denkende Aeltern während dieser Beschäftigung von ihren Kindern nicht für verschiedene Urtheile hören, wie genau können sie ihre Gefühle prüfen, wie klar ihre Fassungskraft durchschauen, wie bestimmt den Geschmack ergründen, wenn sie die Kunst besizzen unter dem wärmsten Zutrauen ihnen die Urtheile über das Gelesene abzulokken.

Häusliche Glükseligkeit wäre nicht mehr so rar, wenn sich die Mütter mehr Mühe gäben, – die Herzen und die Köpfe ihrer Töchter in jenen Zustand zu versezzen, daß dem denkenden Gatten mitten in seinen häuslichen Sorgen, auch ein Zufluchtsort übrig bliebe.

Der Gatte eines hirnlosen Weibs bleibt ihr gewiß nicht länger treu, als bis er ihrer äußerlichen Reize gewöhnt ist, – oder bis ihn Langeweile und Ueberdruß mit Gewalt von ihr reißen.

Wie bettelarm ist ein Frauenzimmer, die blos Larve zum Empfehlungsbrief bei sich trägt. Er kann schnell zerreißen, und dann bleibt ihrem Gatten nichts mehr übrig, als Makulatur. ! ! !

Wie reizend ist hingegen ein schöner Körper, in dem auch eine schöne Seele wohnt! – – Wenn alle Stürme der Natur über den ersten ausbrechen, so bleibt einem Frauenzimmer doch noch Reichthum genug übrig, ihren Gatten auch noch im grauen Alter zu fesseln.

Die Kunst, Männer Herzen zu erobern ist fast allgemein; aber die Kunst sie zu erhalten äußerst selten.

Dummköpfe fodern im ersten Feuer ihrer Sinnlichkeit von einer Braut nicht viel moralische Vorzüge. Aber dann erblikken sie auch in einer Gattin weit mehrere Fehler, wenn die Bande der Ehe geknüpft sind, wenn der Taumel äußerlicher Täuschung aufhört.

Eine blos schöne Gattin wird von dem Herzen eines verblendeten Liebhabers durch die Gewohnheit so abgestreift, daß oft nicht einmal ihr Andenken mehr übrig bleibt.

Wenn die Mädchen begreifen könnten, wie viel Reize ein gebildetes Frauenzimmer für einen denkenden Mann hat, sie würden mit Vorbedacht ihre Gesichter zerkrazzen, – blos um mit Seelen-Vorzügen eine weit rühmlichere Eroberung zu machen.

Diejenigen Frauenzimmer täuschen sich sehr, wenn sie glauben nur durch äußere Vorzüge eine dauerhafte Eroberung zu machen. Alles was sie etwa durch diese erhaschen können, bestehet in einem schwachköpfigen Wohllüstling.

Schönheit ohne Tugend, ohne Vernunft, ohne wahre Kunst mit moralischen Vorzügen zu gefallen, ist eine Seifenblase, die eben so geschwind zerplazt, als sie zu glänzen anfieng.

Würden sich die Männer so unzertrennlich an ein vernünftiges Mädchen fesseln, wenn diese nicht jeden Werth überstiege, wenn sie keine so seltene Erscheinung wäre ? ? ?

Wer gab den Männern Geschmak an vernünftigen Frauenzimmern ihr Vergnügen zu finden? Die Natur! Wer gab den Mädchen die Fähigkeit sich vorzüglich moralisch gut zu bilden? Der Schöpfer! Folglich sind wir nicht zu bloßen Lastthieren der Dummheit geschaffen.

Pedanten und Silbenklauber, Bigotten und Altklügler, Afterphilosophen und Andächtler muß man nicht zu Rathe ziehen, ob das weibliche Geschlecht soll denken lernen oder nicht?

Weh den Männern die sich mit blos äußerlichen Reizen vermählen, der Tod der Liebe folgt ihrer Verbindung auf den Fuß nach. An was soll sich der Mann halten, wenn ihm seine Gattin ein leeres Herz übrigläßt?

Mir ist der große Haufe in den Begriffen ihrer Liebe nicht unbegreiflich, er hält sich blos an sinnliche Vorzüge. Nur dies ist mir unbegreiflich, daß in diesem Punkt sich so viele zum großen Haufen gesellen, denen man es nicht zutrauen sollte. – Verräth dies nicht Mangel am Denken ? ? ?

Duldung gegen andere fühlt nur derjenige, der frei genug von Eigenliebe ist, um einzusehen, wie sehr er bei andern Gelegenheiten auch schon Duldung bedurfte.

Die dümmsten lasterhaften Menschen sind gewöhnlich auch die unduldsamsten.

Die natürliche Güte des weiblichen Geschlechts würde einen weit höhern Grad erreichen, sich weit erhabener schwingen können, wenn sie nicht von dem so sehr herrschenden weiblichen Neide schon in ihrer Geburt erstikkt würde.

Warum zeigt sich denn die Schadenfreude geschwinder auf einem weiblichen als auf einem männlichen Gesichte ? ? ?

Soll der gewöhnliche Neid, die Schmähsucht unter uns Frauenzimmern nicht eine bloße Folge unserer Geistesschwäche seyn? –

Nur selten erblikkt man einen Mann, der sich mit Schwäzzereien abgiebt, aber noch seltener ein Weib, die sich nicht damit abgiebt.

Es scheint, als ob das Frauenzimmer schwazzen müße, sei es aus Dummheit, aus Vorurtheil, Unbesonnenheit, oder Bosheit – Genug, diesen Naturfehler legen sie nur dann ab, wann der Kopf über die Zunge durch Nachdenken herrschen lernt. – So viel aus eigener Erfahrung! –

Kann nun eine Denkerinn mißmuthig werden, wenn ich es aus guten Absichten wage, von meinem eigenen Geschlechte Blößen aufzudekken, gegen die ich selbst schon genug kämpfte, und noch zu kämpfen habe?

[...]

Jean Paul

Auswahl aus des Teufels Papieren nebst einem nöthigen Aviso vom Juden Mendel

[1789]

Witziger Anhang

Ein guter Schriftsteller will allemal mehr sagen als er in der That weis, und wird mehr aus seinem Kopfe herauszupressen suchen, als darin sein mag; wie bei einem, der sich erbricht, die Anstrengung der Natur, etwas gut *Verdauetes* von sich zu geben, auch noch fortwähret, wenn er gar nichts mehr darinnen hat.

Man kann es in unsern Tagen nicht zu oft wiederholen, daß da die Augen des Goldarbeiters nicht mehr vom Glanze des *Goldes* und *Feuers* leiden, als die Augen einer Dame vom Glanze der Nebenbuhlerin, nicht nur die Goldarbeiter, um ihre Augen zu erholen, fast iede Stunde in den *Spiegel* sehen sollen, sondern auch die Damen.

Ohne Aussinnung ganz besonderer Unglücksfälle kann man wahrhaftig weder einen angenehmen Roman noch einen angenehmen Bankerut zu machen begehren.

Unser Jahrhundert, das sonst gar nicht unkaufmännisch ist, gehet wie das elektrische Feuer doch gern den Metallen nach.

Leute, die ein gedrücktes Leben führen und iede Freude dem Schicksale erst mit sauerm Kampfe abgewinnen musten, sind, wenn nicht *kriechend* doch *gebükt*, wie solche die in *bergigten* Gegenden wohnen, immer mit *gebognen* Rücken gehen.

Die Gelehrsamkeit wird in Köpfen und die französischen Weine in Bouteillen zu Schanden, die damit nicht ganz bis an den Kork gefüllet sind.

Von Genies sollte eine gewisse Sanftheit, Bescheidenheit und auf geringfügige Dinge angewante Menschenfreundlichkeit (das ist wahre Lebensart) noch seltener geschieden sein als von mittelmäßigen Menschen, wie (nach der Frau de la Roche) Menschen von *grosser* Statur das *Tanzen* nöthiger ist als Leuten von mitlerer Größe, weil die Bewegungen der erstern stärker, abgebrochener, eckigter und mithin misfälliger sind, als der leztern ihre.

Diese Menschenfreundlichkeit ist die *Decke Mosis* auf dem stralenden Angesicht und eine Art von Menschenwerdung, die uns an ihnen so erquickend thut als mir in meiner Jugend an der Sonne das ihr eingemalte *Menschengesicht* im Kalender.

Wenn der kleine Fürst bei einem größern ist: so spielet er vor denen, die ihn sonst anbeteten, eine heruntergesezte Rolle, er ist alsdann ein Aposteltag, der in einen Sonntag fället und den man über diesen ganz vergisset.

«Der Superintendent ist der beste Mensch unter der Sonne und den übrigen Sternen, sobald er etwas besoffen ist.» So sagt auch der Pöbel und schon Epiphanius von den Schlangen, daß sie so lange ihren Gift wegsetzen, als sie saufen.

Die Natur pflanzte dem Herrn von Grossing iene edle Art von Stolz und Aufblasung ein, die vielleicht der beste Panzerrock gegen die unzähligen Schläge ist, womit ihn die Rezensenten im Zorne überhäufen. So hat auch der Dachs (nach Plinius) das Vermögen, sich dermassen aufzublähen, daß kein Biß und Schlag viel wider ihn verfängt.

Um gewisse Menschen von edler und stolzer Denkungsart zu bezwingen und zu entwafnen, thut man wol, wenn man sich ihnen durchaus von der schlechtesten Seite zeiget: sie mögen sich dann nicht besudeln und springen ab. So sollen (nach Dapper) auch die Dienstmägde über die afrikanischen Löwen glücklich dadurch siegen, daß sie den Rock aufheben und ihnen gewissermassen den H – weisen.

Wenn einige Schönen die Religion und Liebe in einander giessen und von Gott und dem Liebhaber in Einem Athem reden, so thun sie so wenig etwas lächerliches, daß sie vielmehr ganz den Skarabeis (gewissen geschnittenen Steinen) gleichen, auf deren *vertiefter* Seite eine *Gottheit* und auf deren *erhabener* ein getroffener *Käfer* eingeschnitten steht.

Gemeine Leute scheidet das Konsistorium erst von Tisch und Bett, wenn sie einander geehlicht: aber die Vornehmern trennt der Priester von *Nachttisch* und *Gastbett* schon dadurch, daß er sie kopulirt.

Eh' iunge Edelleute oder gar Fürsten aufpacken lassen und die grosse Tour durch Europa machen, so füllen sie sich vorher mit allen den Kenntnissen an, die sie dazu so nöthig haben; so wie die Bienen, eh sie aus ihrem Bienenstock nach Honig ausfliegen, vorher auf dem Flugbrete ihre Augen säubern und heller machen.

Der sonderbare Mensch ist im Buche der Natur der lange — *Gedankenstrich.*

Es ist nicht genug, daß einer, der an irgend einer Hand aus dem Staube seiner Geburt aufkam, einen Stammbaum machen lässet und fremde *Väter,* wie ein anderer fremde Kinder *adoptiret:* es sollte auch durch Gesetze dafür gesorget sein, daß – so wie nur Leute, die keine eigene Kinder haben, fremde an Kindesstatt erkiesen dürfen – auch nur solche Personen fremde Väter adoptiren dürften die keinen eigenen haben.

Es wird mich niemals reuen, wenn ich so gut es mit guten Gleichnissen möglich ist, hier ieden lehre, was diese Welt eigentlich ist. Sie kann gar wol das *Sakgäsgen* in der großen Stadt Gottes sein oder eine blosse *Provinzialstadt* in Vergleichung mit andern Planeten. Sie ist der Gängel- oder Laufwagen der Menschheit, um sie aufschreiten zu lehren. Sie ist – das scheint eine strenge Folge aus den vorhergehenden Gleichnissen zu sein – die Kulisse und Anziehstube für eine andere Welt, in der wir erst unsere Rollen nicht ohne Beifall machen. Sie ist eine *dunkle Kammer,* (camera obscura) in die ein Stral umgewendete und zusammengezogene Bilder einer schönern trägt und malt; in der Rücksicht wäre freilich das Schönste auf ihr, um das schon Plato daher die sogenannten *Gänsefüsse* aus der Druckerei herum schrieb, irgend wo anders her entlehnt. Sie ist die Küste zur Schöpfung Gottes: sie ist ein dunstvoller Hof um eine bessere Sonne; sie ist der Zähler zu einem noch unsichtbaren Nenner; wahrhaftig ich sage, sie ist fast gar nichts.

[...]

Ernsthafter Anhang, In den ich gegen das Ende einen poetischen gemischt habe

[...]

Man sollte mit Personen von zarter und warmer Empfindung nur in den Minuten umgehen, worin man selber zärter und wärmer empfindet als sonst, so wie man die zerbrechlichen Kanarienvögel nur mit warmen Händen anzufassen wagt.

Die philosophischen Trostgründe vermindern nicht sowol unsere Leiden als sie unsere Freuden vermehren, indem sie uns im Glück die Hofnung seiner Dauer und sorgenfreien Genuß gewähren und die Furcht des Uebels durch das Versprechen seiner leichten Erduldung abweisen.

Der Stoizismus im eigentlichen Sinne, der den ganzen Menschen stärkt und hebt, macht selbstsüchtig und giebt dem moralischen Unkraut neue feste Wurzeln, wenn es nicht schon vorher weggeschaft worden. So werden auch vom Arzt vor dem Gebrauche *stärkender* Mittel allezeit *abführende* verordnet.

Ist der Mensch nicht frei: so ist die Moral keine Richtschnur für ihn, sondern blos für das Wesen, das ihn mit seinem Geh- und Schlagwerk zusammensezte; so wie nicht die neuen Rechenmaschinen dem Rechenbuche gehorchen, sondern die Herren Hahn und Müller, ihre Baumeister.

Die meisten Gründe gegen den Haß z. B. der Grund von der Gebrechlichkeit der menschlichen Natur, der Grund daß der Bösewicht als Seelenkrüpel Mitleid verdiene, oder der daß wir uns nur an die Stelle des andern setzen sollen, oder der von den vielen Versuchungen zur Beleidigung – diese Gründe sind wahr, wenn sie den Has mindern und zügeln sollen, und sind unrichtig und schädlich, wenn sie ihn auswurzeln sollen. Sie sind schädlich, weil man schlechterdings einmal fühlt, daß alle Gründe, die moralische Häslichkeit in bloße psychologische oder physiologische veredeln, umgekehrt auch alle moralische Liebenswürdigkeit in psychologische oder physiologische verwandeln, und daß mit dem Hasse gegen iene die Liebe gegen diese wegfalle. Z. B. verdient der Bösewicht als Seelenkrüpel und Unglücklicher blos Mitleid: so verdient der Tugendhafte als Glücklicher blos Mitfreude und weiter nichts; setz ich mich an die Stelle des Beleidigers und mindere dadurch seine Schuld: so setz' ich mich auch an die Stelle des Freundes und mindere dadurch sein Verdienst und so weiter. Ich zwang mich sonst zum Glauben an ein Fatum bei schlimmen Handlungen, aber nicht bei guten und machte mir also wissentlich eine Lüge weis: allein die Achselträgerei, selbst die bestgemeinte ist erbärmlich und erniedrigend. Die obigen Gründe sagen nicht sowol, man solle nicht hassen, als, man solle den und ienen nicht hassen; sie verwandeln uns den Gegenstand des Hasses in einen Gegenstand des Mitleidens und lassen uns noch immer unverwehrt, unsern Haß für einen seiner würdigern Gegenstand aufzusparen. Oder wenn sich so ein moralisch schlimmes Wesen als unser Haß träumt und nicht sieht, wirklich fände: dürften wir dann wieder keinen hegen? Wieder nicht: denn die Moralisten sagen, am Teufel muß man nur das Laster, nicht die Person hassen. Allein warum lieben wir denn den Tugendhaften selbst; und nicht seine abstrackten Vollkommenheiten? Warum dürfen wir hier Subjekt und Beschaffenheit vermengen? Ueberhaupt wenn ich nicht das unmoralische Subjekt hassen soll: so giebts nichts mehr zu hassen; denn das physische oder Aeusserliche oder psychologische an unmoralischen Handlungen ist weder hassens-, noch liebenswerth. Mann [sic] wend' es nur auf sich selbst an und probiere, ob man an seinem Ich Laster verabscheuen kann, ohne dieses Ich selbst mit zu verabscheuen und zu hassen. Das Gegentheil wär' eben so viel als wenn ich eines Mannes Verstand in abstracto, aber nicht den Mann selbst bewundern wollte. Indeß soll diese Vertheidigung unsers so unbesieglichen Hasses gegen den Lasterhaften nichts mit der Vertheidigung der Rache zu thun haben, die unsere persönliche Verletzung zu einer moralischen verkehrt, noch die duldende Sanftmuth ausschließen, die ohne übertreibendes Aufbrausen ieden so lang trägt und beglückt als sie nicht strafen muß.

Nicht das Unglück selbst sondern die dazwischen fallenden kleinen Erquickungen und Hofnungen erweichen und entmannen den standhaften Muth, so wie nicht der harte Winter sondern die warmen Tage die ihn ablösen, die Gewächse aufreiben . . . Unser Geschrei über ieden Stich des Schmerzes muß höhern Wesen im unausmeslichen Tempel der Natur so vorkommen, wie uns in der Kirche unter dem Nachdenken über große Wahrheiten das Geschrei eines Kindes . . . Das Leiden das einen großen Mann zertrümmert, ist ein Donerschlag in einen Tempel.

Das Schicksal gab allen oder einigen menschlichen Wesen auf ihrem Wege zum Grabe eine Wolke zur Begleitung; iedes geht mit einer andern Wolke umhüllet. Ueber und durch sie hinaus sieht keiner und sie lagert sich beständig zwischen ihm und der Wahrheit. Ist sie schwarz wie eine Wetterwolke: so ist er unglücklich und von ihr umschattet glaubt er mitten im Sonnenschein der Natur, es sei Nacht; ist sie erleuchtet und wie Abendroth glimmend, so ist er glücklich und freuet sich, wie es in der Wolke so schön untereinander wallet und flimmert und sieht auf iedem bunten Dunstkügelgen Erde und Himmel gemalt. Sie liegt, diese Wolke, über dem weiten Grabe der Menschen, in das sich wie ein Wasserfall der herabziehende Menschenstrom verstäubt und scheinet es zu füllen durch ihre blinkende Dünste. Bethöret tritt der Mensch hinein und nun zieht sich die lügende Wolke auf und entblösset auf einmal den fressenden Schlund und die hellen weiten Gefilde der Wahrheit und Tugend, vor denen er mit einem Seufzer einsinkt.

Die Barbarei und Verfinsterung des Menschen läuft wie der *Riesenschatte* des Mondes bei der Sonnenfinsternis über die Erde und verhüllet fliehend ein Volk um das andere.

Der Mensch hat die schwere Doppelrolle auf der Erde zu machen, daß er seinen Geist erhebt indem er seine Bedürfnisse abfüttert und gleich den Gemsen am Berge *aufwärts* klettert indem er frisset – oder auch die, daß er das Erdenleben in das künftige einwebt, wie der Mond indem er um diese kothige Erde läuft, doch auch mit die *Sonne* umschift.

Gleich den nachgemachten Ruinen in den englischen Gärten, scheinen manche für diese Welt zu gute Menschen die nachgemachten Ruinen aus einer grössern zu sein.

Wir irrende Menschen gleichen solchen, die in Staubwolken gehen: ieder von ihnen glaubt, hart um ihn fliege der dünste Staub oder gar keiner, nur um die in einiger Entfernung von ihm, sei er dicht und erstickend; und diese denken wieder wie er.

Gleich einem Morgentraume wird das Leben immer heller und geordneter und auseinander gerückter, ie länger seine Dauer ist und ie näher sein Ende.

Die Todten sind *eingelegtes Bildwerk* der Erde, die Lebendigen *erhobenes*.

Die Menschen sind Bilder, welche die Zeit gleich einer *Bilderuhr* bei iedem Zeigerschlage aus der Nacht herausrückt und wieder zurückreisset.

Und warum soll ich in dieses mit ernsthaften Betrachtungen bemalte Trauerzimmer nicht auch diese Grabschrift auf einen Jüngling schreiben: «sein Herz gieng unter die Erde ohne die unendliche Wunde des Menschen: denn niemand, den es liebte, starb vor ihm?» Ach! wir werden alle viel traurigere Grabschriften bekommen.

Johann Georg Heinzmann

Die Feyerstunden der Grazien

[1792]

Einzelne Gedanken

Treue Liebe wird nur durch Widerwärtigkeiten geprüft.

Den unscheinbarsten und blödesten Dingen kann die Liebe Glanz, Gestalt und Würde geben. Sie sieht durch die Phantasie, aber nicht durch die Augen.

Das Stillschweigen der reinen Unschuld überredet oft besser, als die beredteste Stimme.

Wenn die Mädchen den Kopf nur ein bisgen in die Höhe heben, so sind Putz und Bänder das erste, was sie beschäftigt.

Geschäftigkeit und Wohlthätigkeit sind eine Gabe des Himmels, und ein Ersatz für unglücklich liebende Herzen.

Einem reizenden Frauenzimmer wird selten von einem andern Gerechtigkeit erwiesen.

Es ist nichts geringes einem Herren seine Untergebnen verdächtig zu machen. Wenn er sie auch unschuldig findet, so verliert er doch immer das Vertrauen zu ihnen.

Die Schönheit der Seele bringt auch in einen ungestalten Körper Reize; so wie ihre Häßlichkeit dem vortrefflichsten

Bau und den schönsten Gliedern desselben, ich weiß nicht was eindrückt, das einen unerklärbaren Verdruß erwecket.

Das Religiöse steht der weiblichen Bescheidenheit sehr wohl; es giebt der Schönheit ein gewisses edles, gesetztes und schmachtendes Ansehen.

Wenn man schön ist, ist man ungeputzt am schönsten.

Wir sind niemals mehr innerlich beschäftiget, als wenn wir die Einsamkeit suchen.

Weiber sind wie die Rosen, in der nemlichen Stunde, da ihre schöne Blume sich völlig entfaltet, fällt sie ab.

Zweifel, Ungewißheit, Hin- und Herschwanken zwischen unbestimmten Entschlüssen, rauben uns Menschen die Seelenruhe, ohne die wir kein Glück des Lebens empfinden können: Gewißheit und bestimmte Entschlüsse hingegen breiten überall Heiterkeit um uns her, schärfen innere und äussere Empfindung, und geben uns diejenige Empfänglichkeit, die allein die Eindrücke des Vergnügens annimmt.

Die Schönheit, sagt ein philosophischer Dichter, wohnt im Auge des Liebhabers und nicht auf den Wangen des Mädchens. – Die Schönheit ist keine dem Dinge anklebende Eigenschaft, sondern liegt in der Seele desjenigen, welcher siehet. Daher sehen wir insgesamt und jeder siehet anders. Güte des Herzens, ein milder Gesichtszug und tausend andere Dinge ersetzen die Schönheit, und so wenig ein Buch, zu meinem Troste, so schlecht ist, daß es nicht wozu dienen sollte, eben so wenig werdet ihr völlig ohne Reize seyn.

Das Frauenzimmer, so lang es ungezwungen bleibt, hat eine natürliche Fröhlichkeit des Geistes, ein zärtliches Wohlwollen des Herzens, wodurch es uns mit Recht einnimmt, und entweder unsere Freuden belebt, oder unsere Sorgen mildert. Aber wie ganz anders ist es, und wie anstößig, wenn die Wuth des Ehrgeizes, oder der gelehrte Stolz den Busen schwellt, in dem nur Liebe, Freundschaft und zärtliche Sorgfalt wohnen sollte.

Ein Frauenzimmer kann sehr liebenswürdig seyn, ohne Witz zu besitzen: allein wenn sie sich bemüht, den Witz zu affektiren, immer sinnreich zu seyn, und ihren erzwungenen unreifen Afterwitz überall anzubringen, verräth sie den Mangel des Verstandes, und wird so unerträglich, als das Frauenzimmer, das mit einer weisheitsvollen Miene gelehrt thun, Belesenheit zeigen, Schriftsteller citiren, und in Kunstwörtern sich ausdrücken will.

Jede harmonische Bewegung unsers Körpers, jede sanfte Empfindung der Freude, der Liebe, der zärtlichen Sympathie, *verschönert* uns; jede allzu heftige und unordentliche Bewegung, jede ungestüme Leidenschaft, jede neidische und übelthätige Gesinnung verzerrt unsere Gesichtszüge, vergiftet unsern Blick, und würdigt die schöne menschliche Gestalt zur sichtbaren Aehnlichkeit mit irgend einer Art von Vieh herab.

Nur diejenigen Augenblicke, worinn wir weise und gut sind, nur die Augenblicke, die wir der Ausübung einer edeln Handlung, oder der Betrachtung der Natur und der Erforschung ihres großen Plans, ihrer weisen Gesetze und wohlthätigen Absichten, oder die wir der Freundschaft und Liebe, und dem weisen Genusse der schuldlosen Freuden des Lebens wiedmen, – nur diese Augenblicke verdienen gezählt zu werden, wenn die Frage ist, wie lange wir gelebt haben?

Edle Gemüther sollten immer mit ihres gleichen umgehen, denn wer ist so standhaft, daß er nicht verführt werden könnte.

Das giftige Geschrey eines eifersüchtigen Weibes verwundet tödtlicher, als der Biß eines wüthenden Hundes.

Der Mann, der keine Musik in sich selbst hat, noch von der Eintracht lieblicher Töne gerührt wird, ist zu Verrätherey, Tücken und Gewaltthaten aufgelegt. Die Bewegungen seines Bluts sind plump wie die Nacht, und schwarz wie der Erebus: traut keinem solchen Manne!

Wer sich gern schmeicheln läßt, ist seines Schmeichlers würdig.

Wie geneigt ist ein edles gütiges Herz, alle andern auch dafür zu halten!

Schönheit lockt schneller Diebe herbey, als Gold.

Gebrechlichkeit, dein Name ist Weib!

Der liebt am wenigsten, der am beredtesten von seiner Liebe spricht.

Wer sich durch Reue nicht besänftigen läßt, taugt weder im Himmel noch auf der Erde; beyde lassen sich dadurch besänftigen, und der Grimm des Ewigen selbst wird durch Buße gestillt.

Der beßte Umgang für Frauenzimmer ist der Umgang mit rechtschaffenden und verständigen Männern. Nur dadurch können sie den Karakter ihres Geschlechts ausbilden und ihm die Güte geben, vermöge welcher er in den wichtigsten Angelegenheiten des Lebens brauchbar wird.

Die Vergnügungen der Welt sind Betrüger. Sie versprechen mehr, als sie geben: sie machen uns unruhig, indem wir ihnen nachstreben; befriedigen uns nicht, wenn wir sie besitzen, und bringen uns zur Verzweiflung, wenn wir sie verlieren.

Die Tugend ist in einer liebenswürdigen Gestalt noch einmal so liebenswürdig. Die Weisheit selbst erhält die größten Vortheile durch die schmückenden Hände der Grazien. Die Schönheit verdankt ihnen die Hälfte ihrer Reizungen, und der Witz ohne ihren gefälligen und besänftigenden Einfluß, verfällt in Härte, und wirft seine Pfeile mit einer unverschonenden Grausamkeit umher.

Nicht der Ort ist es, der Mißvergnügen oder Freude schaft: unser Herz ist die Quelle unsrer Zufriedenheit.

Der reinste Schatz, den uns dies irdische Leben gewähren kann, ist ein unbefleckter guter Name.

Freuden, die man jetzt genießen kann, muß man sich nicht durch Furcht einer bevorstehenden Traurigkeit verbittern.

Fürchte keinen Feind so sehr, als deine Affekten und Begierden; je mehr du ihnen nachgiebst, desto heftiger werden sie wider dich streiten.

Es ist besser schweigen, als jemand seine Gedanken entdecken und dabey sagen: *Ich bitte, sag's niemand wieder!*

Die linke Hand sollte man mit Ringen zieren und nicht die rechte Hand. – Weißt du nicht, daß die so recht thun, gemeiniglich am wenigsten geschätzt werden? Der, der das Glück und die Güter geschaffen hat, gab dem einen Tugend, dem andern Glück. –

Es giebt unvermeidliche Uebel; alles was der Redliche vermag, ist, daß er die seinige nicht verdienet.

Laßt dem Tugendhaften nur seine Unschuld, sie ist sein einzig Gut, welches ihm noch übrig bleibt, es tröstet ihn über allen Verlust.

Liebe die Tugend und fürchte dich nicht, daß diese dich verlassen werde; selbst in dem Schoße des Elends wird sie dir nachfolgen.

Um weise zu seyn, ist es nicht genug, daß man gut denke; um weise zu seyn ists nicht genug, daß man gut handle. Was heißt denn also weise seyn? Gut denken und gut handeln.

Ein Mädchen, das sich nicht Freunde wünscht, hat eine kleine unempfindliche Seele. Diejenige aber, die in jeder Mannsperson einen Bewunderer zu sehen verlangt, besitzt eine unüberwindliche Eitelkeit und ein kaltes Herz.

Die Unglücklichen haben keine andere Arzney, als die Hoffnung.

Weder Macht noch Hoheit kann dem Tadel entgehen, und die hinterrücks verwundende Verläumdung scheut sich nicht die weiseste Tugend anzugreifen.

Den Menschen scheint das Vergangene und Zukünftige immer das beßte, aber das Gegenwärtige immer das schlimmste.

Vor schlimmen Zufällen sind die Menschen gemeiniglich munter, und Bangigkeit ist oft der Vorbote einer glücklichen Begebenheit.

Liebe muß völlig uneigennützig seyn.

Ein volles Herz kann die Worte nicht wägen.

Gleichheit allein ist das feste Band der Liebe.

Ein Frauenzimmer, das eine Philosophin seyn will, ist so eckelhaft, als ein Mann, der sich schminkt.

Eifersüchtige Gemüther sind nicht allezeit eifersüchtig, weil sie eine Ursache dazu haben, sondern oft nur weil sie eifersüchtig sind. Die Eifersucht ist ein Ungeheuer, das keinen andern Vater und keine andere Mutter hat, als sich selbst.

Freude, Liebe und Unschuld stimmen den Menschen in Harmonie mit sich selbst, mit allen guten Menschen und mit der ganzen Natur.

Ein weises Mißtrauen in sich selbst, ist die sicherste Brustwehr der Tugend.

Eine Schöne hat tausend Dinge zu verschenken, die von keiner Erheblichkeit sind; aber ihr Herz muß immer in ihrer Gewalt bleiben. So lange sie dies Palladium behält, wird sie unbezwinglich seyn.

Es ist ein schwaches Ding um unser Herz. Und doch, so schwach es ist, und so leicht es uns irre gehen macht, ist es die Quelle unsrer beßten Freuden, unsrer beßten Triebe, unsrer beßten Handlungen.

Die Tugend, sie die selbst die Mutter der Freuden ist, verträgt sich mit jeder schuldlosen Freude.

Mäßigkeit erleichtert die Uebung der Tugend sehr merklich.

Eine schöne Person verliert die Achtung besserer Menschen, wenn sie aufhört tugendhaft zu seyn.

Ein Herz, in dem alles wohl geordnet ist, kann – auch bey der möglichsten Empfänglichkeit zur Freude, auch bey einem sehr bezeichnenden Beruf zum Genuß des Lebens, – die Welt vergessen.

Zum Hochmuth gehört ein gewisser Grad von Schwäche des Verstandes.

Gute Herrschaften machen gute Bediente.

Eine eitle Frau und eine Goldgrube ist ein Eimer und ein Brunnen: sie schöpfen einander aus.

Nur jenes Herz kann beständig ein spiegelebener Bach seyn, immer ruhig, immer munter, das schuldlos ist, das noch nie die Tücke des Schicksals und der Menschen gefühlt hat, und das die Stürme der Leidenschaften nicht kennt.

Kopf, Herz und Aufführung unterscheiden Mensch und Mensch: das übrige ist Tand.

O wie fühlt man sein Glück so voll, wenn man's durch lange Hoffnung errang!

Adel ist erblich, aber Tugend muß erworben werden. Tugend gilt für sich allein, wo Adel nichts gilt.

Der hat die Schönheit noch nicht in ihrem höchsten Glanze gesehen, der sie nicht in ihrer Bekümmerniß sah.

Jedes Glück in der Welt ist mit Bitterkeit vermischt; das ist das Erbtheil der Menschheit.

Was Euch anbetrift, so höret meinen Rath in wenig Worten: Beeifert Euch einzig um die Tugenden, die Eurem Geschlechte besonders eigen sind. Folget Eurer angebohrnen Bescheidenheit, und haltet das für Eure größte Empfehlung, daß man auf keine Weise von Euch spricht.

Rede des Perikles an die Weiber zu Athen

SEBASTIAN MUTSCHELLE

Vermischte Schriften

[1793]

Menschenkenntnis, Selbstkenntnis

An dir mußt den Menschen überhaupt, an dir mußt du besonders dich kennen lernen. Um mit Menschen klug und weislich umzugehen, um sie klug und weislich zu leiten, bedarf man eine Fertigkeit, sie zu kennen; man erlangt sie aber nicht, wenn man nicht erst eine Fertigkeit hat, sich selbst zu beobachten. Bist du dir selbst ein unbekanntes Land, so bleiben dir andere eine fremde Welt. Wer sein eigen Herz zu ergründen sucht, der polirt den Spiegel, in dem er andere schauen mag.

Die Liebe lehrt mich, die Menschen als gut beurtheilen, Erfahrung und Klugheit als böse fürchten. Die Liebe sagt mir: «So lange du nicht gewiß bist, daß der Mensch böse sey, halt ihn für gut» – Und die Klugheit sagt: «So lange du nicht gewiß bist, daß der Mensch gut sey, handle so mit ihm, daß er dir nicht schaden mag, wenn er auch böse ist.» Milde Beurtheilung und kluge Vorsicht streiten nicht gegeneinander, die erste gründet sich auf die Unwissenheit, die zweyte auf die Möglichkeit, daß mein Nächster böse gesinnt sey. Ja, um mich vorsichtig zu machen, bedarf es nicht einmal der Furcht vor böseartiger Handlungsweise. Genug, wenn oft nur seine Meynung verschieden, ob gleich sein Herz gut ist. Also auf meine liebvolle *Beurtheilung* und Vertheidigung hat jedermann Anspruch, der nicht offenbar böse, auf mein *Zutrauen* niemand, der nicht offenbar gut ist – gut und hell denkt.

Nulla dies sine linea – ein goldner Spruch! Was für ein Kapitalist würde der, der nicht ermüdet, alle Tage etwas zu hinterlegen! – Aber wie ist der Mensch? Er hat die Geduld nicht, *langsam viel* zu gewinnen. Er will das *Ganze,* aber nicht, wie es ihm allein werden kann, allmählig durch seine *Theile.* Nur der entschlossene, weislich ökonomische Mann verstehts, theilweise zu sammeln und zuzuwarten, bis die Sandkörner zum Sandberge werden. Gewöhnliche Seelen fliegen bald auf, wie ein Adler, und sinken aus Ungeduld, noch nicht an der verlangten Höhe zu seyn, bald wieder abwärts, wie ein Stein. Nur Neigung giebt ihnen Flügel, die schnell aufbrauset und sinkt, nicht die Stärke der Vernunft, die immer dieselbe ist.

Unser Kennen, und unser Wollen – keines ist ganz vollkommen. Wer nur eine Sache ganz könnte, müßte alle kennen; wer nur eine Tugend ganz hätte, alle haben.

Wenn du Leute siehst, die überall Winke geben, daß sie mehr wissen, als sie sagen; so räche dich an ihrer Eitelkeit, und glaube, daß sie meistens mehr sagen, als sie wissen.

Hoffe nicht, daß dir die Welt eine große Wohlthat mit großem Danke vergelten werde, sondern schau in die Geschichte, wie sie von jeher vergolten hat. Mancher, der die Welt von einem Ungeheuer befreyt hat, wurde durch vier Pferde zerrissen, und mancher, der sie mit einem neuen Ungeheuer besetzte, mit sechs Pferden gefahren. Soll man darum aufhören, in der Welt Gutes zu stiften? Keineswegs. Man trage durch Besserung seiner selbst bey, daß der bessere Theil auch allmählig der *stärkere* werde, dann hat er von der Bosheit des schwächern nichts zu fürchten.

Bis dahin bleibt der Wohlthäter, den Undank verfolgt, aber nicht ermüdet – der erhabenste Wohlthäter.

Im Privatleben spielt der Mensch seine eigne, im öffentlichen meist eine fremde Rolle. Hier deklamirt der schlechte Vater über die Nothwendigkeit der guten Erziehung, der feindselige Gatte über eheliche Treue und Liebe; der Verschwender über weise Oekonomie; der furchtsame Geisterspäher über die Albernheit der Gespensterfurcht; der Hausvater einer zerrütteten Familie über die Einrichtung des Staats. Das Gesicht, das man im Publikum zeigt, ist eine Masque desjenigen, das man zu Hause trägt, ein schöner Titel vor dem schlechten Buche. Man will scheinen, was man nie war, um zu verbergen, was man ist. Der Mensch im Publikum steht auf dem Theater, und übertüncht seine Blaßgestalt, der Mensch zu Hause wohnt im *par-terre.* Der Privatmensch und der öffentliche sind oft eben so weit unterschieden, als der Hausrock, und das Staatskleid. – Willst du wissen, wer du seyest? – Das, was du dann vorstellest, wenn dich kein Zwang dringt, dich anders zu zeigen, als du bist. Deine stillsten Gedanken und Wünsche, die du in der Einsamkeit hegst, sagen's dir lauter, wer du seyest, als deine Reden und Thaten, mit denen du öffentlich auftrittst.

Wie läppisch ist der Mensch! Er zählt, wenn er auf- und abgeht, seine Schritte, denkt, was er thun wollte, wenn er Pabst oder Kaiser wäre. – Sage nicht: «So wollte ichs ordnen, wenn ich der und der wäre» – Sage lieber: «Das soll und will ich thun, weil ich einmal das bin.»

Es giebt einen Gesellschaftskreis, in dem man feine Lebensart hat, wenn man viel von Nichts zu schwätzen, und keine Welt, wenn man nur etwas von Etwas zu sagen weiß. Der Weise ist darinn ein Thor, wenn er nicht so viel Klugheit oder Gefälligkeit hat, einen zu machen. Er kann da den Ruf seiner Weisheit nur durch die Miene der Albernheit retten.

Es ist so gewöhnlich, Personen nach Reichthum und Ehrenstellen zu schätzen – warum nicht auch, Pferde nach Sattel und Zaum zu kaufen? Ein Pferd schätzt man richtiger, als Menschen, weil manchem ein Mensch nicht so wichtig ist, als ein Pferd.

Durch die Ehe soll das Band inniger Vereinigung enger geschlossen, nicht locker gelöset werden. Aber wenn der Liebhaber eine Beherrscherinn ehrt, so will oft der Ehemann eine Sklavinn haben. Vor der Ehe war sie Göttinn, und nach der Ehe will er Gott seyn. Bey vielen heißt es: «Willst du eine Person nicht mehr lieben, so heurathe sie.»

Niemand ist aufgelegter, Wahrheiten kühn zu verwerfen, als wer Täuschungen leichtsinnig glaubt. Er bedarf eben so wenig Gründe, das Wahre für falsch, als das Falsche für wahr zu halten. Der seichte Ungläubige fürchtet sich des Nachts vor Gespenstern. Der Glaubensspötter verlobt im Gedränge Wallfahrten.

Sinnlichkeit und Vernunft, Leib und Seele, sind wie zwey Gatten: Sie leben ohne Streit nicht beysammen, und können sich im Tode ohne Schmerz nicht trennen.

Das Angesicht ist der Abdruck der Seele, das Wappenschild, am Vordertheile des Hauses fest gemacht, damit man wisse, wer hier wohne. Aber nicht alle verstehen sich gleich gut auf die Wappenkunde, und gar viele dollmetschen falsch.

Man beurtheilt die Gefäße aus dem Klang, ob sie offen oder verschlossen, ganz oder gebrochen, leer oder voll seyen –

und den Menschen aus der Rede. Der Mund eines Weisen ist die Thür einer königlichen Schatzkammer – Sie öffnet sich, und man sieht herrliche Dinge.

Die reichsten Gegenden ziehen weiche Schwelger und Wohllüstlinge, die unfruchtbarsten rohe Wilde; in der gemäßigten Zone, und im Mittelstande gedeiht die Tugend und Aufklärung.

Das abergläubische Volk macht sich Götzen, und fällt dann vor ihnen nieder, bethet seine Hirngespenste an, und fürchtet sich vor den Geistergestalten, die es sich selbst gebildet hat. Der Götze thue nicht zu stolz oder zu sicher auf dem Altare, auf den [sic] er steht. Das mißhandelte Volk möchte sich sonst besinnen, wer ihn da hinaufgestellt habe.

Das Pferd zieht nur dann in der Mühle, wenn man ihm die Augen deckt, und das Volk nur so lange am Joche, als es geblendet ist. Ein guter Fürst hat nicht nöthig, es zu blenden, weil er nicht denkt, es, wie Ochsen, ins Joch zu spannen.

Die Lehre der *Abergläubigen* darf man nicht verwerfen, ohne ungläubig zu *heißen,* und kann sie doch auch nicht annehmen, ohne unsinnig zu *seyn.* Wo mächtig der Aberglaube herrscht, der die Vernunft entehrt, da gebiethet Klugheit Verstellung, die dem Adel des Herzens wehe thut.

Eines andern Rathschlage folgen, heißt, dessen Einsicht, und seine Kurzsicht bekennen. Dazu gehört mehr redliche Beurtheilung seiner selbst, als der Rathgeber insgemein voraussetzen darf. Er schone den Stolz und die gewöhnliche Eitelkeit des Menschen, halte ihm das Licht nicht gleich zu nahe unters Auge, das noch nicht stark genug ist, es zu tragen; lasse es von ferne dämmern, reize ihn zur Annäherung, und mache ihn glauben, er habe es selbst angezündet.

Es giebt eine natürliche, und eine erworbene Ignoranz. Die erste entsteht, wenn das Licht fehlt, und die zweyte, wenn man Staub ins Auge weht, der den Lichtstrahl ausschließt. Dieser Staub ist oft Schulstaub, den man zu erregen auch auf Universitäten gelehrt, und wenn man sich recht darauf versteht, auch wohl *cum nota eminentiae* promoviert wird. «Ich habe – sagt ein einsichtsvoller Regierungsrath – einige Herren Kollegen, die gerade so viel Wissenschaft von der hohen Schule mitbrachten, als nöthig war, um ihren gesunden Menschenverstand in seinem einfachen geraden Blicke zu verschieben. Sie sehen alles wissenschaftlich nach dem Gange der Welt und der Natur des Menschen an. Die vernünftigste Sache müßen sie mit einer Stelle aus dem Gesetzbuche belegen können, oder sie suchen eine scheinbare Gegenstelle auf, um sie unvernünftig zu finden. Sie glauben wohl in Sachen der Religion strenge an eine Offenbarung, aber in rechtlichen Dingen kaum an eine Vernunft.[»]

Gewöhnlich kann niemand weniger eine Beschuldigung leiden, als der sie am meisten verdient. Die schwürigste Wunde darf man am wenigsten berühren, oder der Kranke schreyt. Man soll sie aber auch nicht berühren, wenn man sie nicht heilen kann oder will, und nicht härter anfassen, als zur Heilung nöthig ist.

Sobald die Vollkommenheit anderer unserm Vortheile Abbruch thut, so hat man nicht mehr Stärke genug, sie zu lieben. Der Zuschauer freut sich, wenn alle Schützen tief an Mittelpunkt treffen, der Mitschütze, wenn viele Weiß- und Fehlschüße geschehen.

Der recht Gute, und sehr Böse, sind beyde leicht kennbar. Aus der Fülle des Herzens redet der Mund, und das ganze Betragen. Auch fehlt es beyden nicht an Muth, sich zu zeigen. Da es indessen so schwer hält, die meisten Menschen zu kennen, so ist auch dieß ein Zeichen, daß der größte Theil *Halbgute* und *Halbböse* sind.

Ganz Gute und ganz Böse finden sich bald zusammen; sie kennen sich, und lassen sich kennen. Halbgute und Halbböse scheuen einander. Denn des Halbbösen Bosheit ist List, nicht offne Ruchlosigkeit, des Halbguten Güte ist schwache eigennützige Ergebenheit.

Der größte Theil will immer mehr haben, als er bedarf, und mehr scheinen, als er ist. Der Weise sucht sich auch mit wenigern zu begnügen, als er hat, und mehr zu seyn, als er scheint.

Ein gefühlvoller Schwärmer, und ein eiskalter Kläger – taugen beyde nicht. Lauter Herz ohne Kopf, und lauter Kopf ohne Herz, ist nicht für den Menschen, der Kopf und Herz zugleich hat.

Die vortheilhafte Gesichtsmiene ist bey dem einen eine Masque seiner bösen, und bey dem andern ein Spiegel der guten Seele. Aber der Kenner unterscheidet bald die Masque von dem Naturgesichte.

Die Genealogie lehrt uns, die Menschen nach ihren Namen, und die Beobachtung nach ihren Herzen kennen. Mancher glaubt den Menschen zu kennen, weil er weiß, wie er heißt; aber der Menschenbeobachter kennt ihn, weil er weiß, was er ist.

Wem seine Ruhe lieb ist, der lasse die Thorheiten der Menschen ruhen. Doch hat er Hoffnung, sie zu heben, so sey ihm Menschenglück lieber, als seine Ruhe. Sobald es uns der Thor verzeiht, daß wir klüger seyn, als er, so ist er auch auf dem Wege, klüger zu werden, als wir.

In der Welt steht es, im Durchschnitte genommen, überall ziemlich auf gleichem Schlage. Viel Eigenliebe und Leidenschaft, wenig Vernunft, und reines Wohlwollen – Viel Frohndienste für Posse und Eitelkeit, wenig Anstrengung für dauernde Güter und Vollkommenheit – Wenig grosse Bösewichter, noch weniger grosse Tugendhafte, viel Schwächlinge – Der nützlichere Mensch überall der Glücklichere im innern Werth, gar nicht überall im äußern Erfolg – Ruhe und Zufriedenheit nur im Zirkel stiller Haustugend.

Traue den Worten des listigen Höflings nicht. Seine Reden sind die sanften Polsterpfotten der Katze, und seine Thaten ihre Klauen. Mit jenen schmeichelt er dem Fürsten und den Unterthanen, mit diesen beraubt oder zerreißt er beyde.

Zu viele Aengstlichkeit bey kleinen Geschäften zeigt Unfähigkeit zu grossen. So einer hat den Blick, der vieles sieht, aber jenen nicht, der richtig wählt. Er kennt viele Dinge, aber ihren verschiednen Werth nicht. Da ihm alles groß und wichtig ist, kann ihm eben darum das Wichtigste nicht vorzüglich wichtig seyn.

Es giebt Leute, die jeden fremden Fehler unerträglich finden, und doch selbst mit allen Fehlern geduldet seyn wollen. Schmutz darf auf ihrem ganzen Kleide seyn, aber kein Flecken am fremden. Wer keine fremde Schwachheit ertragen kann, hat eben darum eine, die unerträglich ist.

Freundschaft steht nicht um Geld, steht nur um Freundschaft feil. Willst du geliebt werden, so liebe.

Wer den Weisen gelehrig anhört, kann einer werden; wer auf den Narren aufmerksam horcht, ist einer.

Vertraue dich nie einem Bösen, du magst gut oder böse seyn. Er sucht, den Bösen zu verrathen, und den Guten zu betriegen.

Nahe dich zum Fürsten, sagt jemand, wie zum Feuer – zu ferne giebts keine Wärme, zu nahe verzehrts dich. Aber ist dein und sein Herz fürstlich, so fürchte die Feuerhitze nicht, die Sümpfe austrocknet, und Saaten reif macht. Leihe ihm zur Beförderung allgemeiner Wohlfahrt dein Licht, er giebt dir seine Kraft. Sey sein Auge, und er wird dein Arm seyn.

Sich leicht stärker als andere halten, ist das Mittel, überwunden – sich schlauer als andere, das Mittel, betrogen zu werden. Sich redlich kennen und schätzen, ist ein Präservatif gegen die Wunden des unbesonnenen Streits, mit Kopf oder Hand.

Den Verständigen befremdet es nicht, wenn ihn auch zuweilen ein Thor berückt, aber der Thor findet es unbegreiflich, wenn ihn ein Weiser übersieht.

Wer viele wider sich empört, ist ein großer Weiser, oder ein großer Thor, ein Heiliger, oder ein Bösewicht. Unsere Thüren sind nur für die Mittelgrößen gebaut, die Riesengestalten stossen überall an.

Es ist leichter, die Eigenschaften des Geistes, als jene des Herzens zu ergründen. Die ersten will jedermann im hohen Grade zeigen, die zweyten der größte Theil verbergen. Der Böse verbirgt sie aus Stolz und Eigennutz, der Gute aus Liebe und Bescheidenheit.

Man liebt nie mehr den Widerspruch, als da man seinem Lobe widerspricht. Die Ablehnung desselben ist meist eine Auffoderung, daß man es verstärkt wiederholen wolle.

Leihe keinem Stolzen, und keinem Eigennützigen. Der Stolz will nichts schuldig seyn, und der Eigennutz nichts bezahlen.

Eigensinn ist so oft der Antheil mittelmäßiger Geister; Biegsamkeit und Wiederruf kömmt starken Seelen zu.

Falsche Münze ist ein Zeichen der Armuth; Verstellung und Lüge ein Zeichen der Schwäche. Wer gute Münze hat, schlägt keine falsche, und wer gut ist, strebt nicht erst lange, um es zu scheinen.

Der Ruhm eines Weisen ist wie sein Schatten, der ihm bald vor- bald nachwandelt, und bald kürzer, bald länger ist, als er selbst. Wo nur wenige im Stande sind, die Größe des Mannes ganz einzusehen, da ist der Mann größer, als sein Ruf.

Das Gedächtniß der Grossen ist ein Spiegel, der die Eindrücke nur so lange behält, als man vor ihm steht. Sollen sie sich täglich an dich erinnern, so mußt du täglich vor ihnen erscheinen.

Der kleine Geist geht durch die Welt mit großem Getöse, und der leere Wagen rollt durch die Strasse mit Gelärm.

Wenn ein Thor an einen erhabnen Posten hinankömmt, so gleicht er einem Menschen, der einen hohen Berg ersteigt. Alle andere dünken ihm kleiner, als sie sind, und allen erscheint er kleiner, als er war. Ehehin war er zu unwichtig, um auf ihn zu schauen, und seine Fehler blieben verborgen; nun haben sie Einfluß auf Mitmenschen, und sie werden entdeckt.

Der Flachkopf behauptet mit der Zuversicht eines Mannes, der sich nie betriegt, und der Weise mit der Behutsamkeit eines Menschen, der so leicht irrt.

Im Umgange mit Fürsten ist es schwer, das rechte Mittel von Ehrerbiethung zu treffen. Sie verachten den, der sich von ihrer Größe zu viel, und lieben den, der sich davon zu wenig blenden läßt. Wer das Knie vor ihnen zu tief beugt, ist ihnen ein Sklave, der sich wegwirft; und wer zu steif dasteht, ein Rebell, der sich auflehnt.

Bunte Blumen und blühende Wiesen erscheinen erst, wenn die Sonne aufgeht, und das Verdienst bleibt unbemerkt, bis das Glück einen Stral darauf wirft.

Ein Reicher sagt oft dem Armen, der ihn anspricht: «Ich habe keine kleine Münze.» Ein Mann vom Verstande schweigt in der Gesellschaft der Thoren, und sagt eben dieses.

Man hält sich so gerne für schön, wenn man auch noch so häßlich, sein Thun und Lassen für gut oder verzeihlich, wenn es auch noch so strafwürdig ist. Unser Athem dünkt uns rein, wie unsere Handlungen, aber andere bemerken den übeln Geruch.

Einen verborgnen Schatz finden, dessen Eigenthümer man weiß – in einer Einöde auf eine reizende Unschuld stossen – das Geschrey seines Feindes hören, der durch unsere Hilfe zu retten ist – Prüfe dich, ob in diesen oder ähnlichen Fällen dein erster Gedanke immer der reinste, lauterste wäre, und du erfährst, wie stark oder schwach deine Seele sey.

Man verachtet Kenntnisse und Eigenschaften, die man nicht hat, um mit denjenigen groß zu thun, die man besitzt. Stolz und Eigenliebe erscheint nicht gerne als arm, er setzt also einen kleinen Werth auf das, was ihm mangelt, und einen großen auf jenes, was ihm angehört.

Es giebt viel *Leute,* aber wenig *Menschen.* Diogenes suchte sie zu Athen mit der Laterne, und Abraham fand in Sodom nicht zehn.

Du bist so schwach, daß du fallen, und so stark, daß du wieder aufstehen kannst. Vergiß bey deiner Größe nie, wie klein, und bey deiner Kleinheit nie, wie groß du werden kannst. Verliere, wenn sich alles sicher zeigt, nie die Vorsicht, und wenn alles verloren scheint, nie den Muth.

Der Deutsche fragt von einer Person: «Was wird sie thun?» Und der Franzos: «Was wird sie sagen?» Dem Franzosen giebt das Wort Interesse, und uns die That. Wir haben mehr Energie, und sie mehr Kultur. Aber der neugetaufte Franke steht auf dem Punkte, Kultur mit Energie zu vereinigen.

Wir halten manches für wahr, was der strengste Dogmatist nicht beweisen, und doch auch der erste Pyrrhonist nicht bezweifeln kann. Der Mensch weiß mehr, als er beweisen, und will mehr beweisen, als er wissen kann.

Der Mensch ist ein schwaches, elendes Geschöpf; das erkennt er bey einiger Überlegung selbst – Und ist doch wieder ein großes, wichtiges Geschöpf, weil ers erkennt. Seine Schwäche kennen, zeugt von Stärke, seine Unwissenheit einsehen, von Weisheit.

Mancher, der wider die eitle Ehre schreibt, begnügt sich, wenn er nur die Ehre erhält, mit Beyfall gelesen zu werden; mancher, der eine Abhandlung von der Verachtung des Reichthums in den Druck giebt, hat nur das große Honorarium des Verlegers im Auge. – Der Ehrgeiz ist so unersättlich, daß man von allen Zeiten und Völkern gekannt seyn möchte, und so eitel, daß man schon Freude fühlt, wenn auch nur ein Taglöhner zu unserm Lobe spricht.

Den größten Geist verwirrt oft das kleinste Geklimper. Wundre dich nicht, daß er dießmal so unrichtig dachte und schloß – Es sumste eben eine Mücke vor seinen Ohren. Willst du, daß er eine wichtige neue Wahrheit entdecke, so schaff ihm das Thierchen weg. Dies hält die mächtige Intelligenz gefangen, die sonst Reiche und Welten überschaut.

Das Bestreben des Guten zielt dahin, sich zu kennen, und des Bösen, sich zu vergessen. Dem ersten ist jeder Eindruck von außen nur dann angenehm, wenn er dabey mit Zufriedenheit auf sich schauen, und dem letzten auch darum, weil er dabey sich und seine Mängel vergessen kann.

Der Mensch, der nichts so sehr liebt, als sich, nichts sucht, als für sich, haßt und flieht nichts mehr, als den ernsten Rückblick auf sich. Er hat die übelste Gesellschaft, wenn er allein ist; er muß sich zerstreuen, weil er sich selbst nicht ertragen kann.

Man kann die Sterblichkeit, Schwachheit und Eingeschränktheit des Menschen nicht wegheben. Um sich davon nicht gedrückt zu fühlen, erfand man das Mittel, nicht daran zu denken. Aber der Kranke wird darum doch nicht gesund, wenn er seine Krankheit vergessen lernt; er macht ihr vielmehr Raum, und lädt den Tod ein.

Wenn mir ein guter Gedanke unter der Feder entschlüpft, so erkenne ich daraus meine Schwachheit – Eine heilsame Lehre, die so viel, als der beste Gedanke werth ist, und etwa eine nützlichere Wahrheit sagt, als dieser enthielt.

Gespräche über die Demuth sind oft voll Hochmuth, Gespräche über Pyrrhonism und Zweifeley voll Machtsprüche. Selten redet man von der Demuth demüthig, von der Keuschheit keusch, und von den Zweifeln zweifelhaft. Wir sind voll Doppelsinn, Lüge und Widerspruch.

Es giebt wenige, die abstrakte Wissenschaften lieben, aber vielleicht immer noch mehrere, die die Geometrie, als die sich selbst, studiren.

Willst du jemanden sein irriges Urtheil nehmen, so zeige ihm erst die Seite, von der es Wahrheit enthält. Er giebt dir gerne zu, daß er die Sache noch nicht von allen Seiten betrachtet, aber kaum, daß er sich ganz geirrt habe.

Es giebt Leute, denen über schmerzlose Bequemlichkeit, über gut Essen und Trinken nichts geht. Ein Floh im Strumpfe ängstigt sie mehr, als alle Zweifel über ihre Bestimmung. Setzt ihnen eine niedliche Pastete vor, und sie lassen *utramque rempublicam* gehen, wie sie geht. Ihr könnt ihnen durchaus nichts größers wünschen, als eine gesegnete Mahlzeit. Sie verlangen sich von den Lorbeern der Helden und Dichter nur so viele Blätter, als genug sind, ihr Rindfleisch zu würzen.

Es giebt Leute, deren Unglaube mit der Sonne auf- und untergeht. Um Mittag raisonniren sie über Tisch, Himmel und Hölle weg, um Mitternacht sehen sie Gespenster und den Teufel; zählen unter der Bettdecke die Krallen an seinen Klauen, und hören die Luft pfeifen, wenn er mit dem Schwanz wedelt.

Es giebt Gelehrte, die ein lebendig Buch scheinen, mit Händen und Füßen. Man kann ihr Gehirn mit keiner Nadelspitze berühren, ohne eine Idee zu spießen. Sie mischen ihre Wissenschaft in alles, und glauben, sie sey Salat zu jedem Braten.

Unter rohen Völkern giebt es wenig Licht, und viel Hitze, unter kultivirten mehr Licht, aber weniger Muth. Man weiß mehr, und handelt träger.

Niemand sagt gerne: «Ich bin schwach.» Er macht lieber aus seinem persönlichen Mangel ein Gebrechen der menschlichen Natur, und sagt: «Der Mensch ist schwach.» Er bildet sich ein, das Gute allein zu besitzen, und ist stolz; Schwachheit und Sünde aber mit andern gemein zu haben, und wird darum abermals nicht demüthig.

Kein Mensch ist dem andern, und keiner immer sich selbst gleich.

Wundre dich nicht, daß andere Menschen anders denken, als du. Bedenke, daß es gewiß so viele verschiedene Gemüthsarten gebe, als Arten von Moos, und daß die Augen, die anblicken, ebenfalls verschieden seyen, wie die Gegenstände, die vorschweben.

Der strenge Ordensmann hält schon den für einen Bösewicht, der mit einem redet. Indessen speiset er doch meistens selbst lieber zu Mittage mit einem Freygeiste, der Wildprät, als mit einem Heiligen, der keines hat.

Man erweiset nicht immer eine Wohlthat, weil man wohlthätig ist; sondern weil eben der Wind aus Osten bläst, und heiters Wetter macht.

Macht der Fürst einem geldsüchtigen Diener Hoffnung zu einer Addition, so weiß er nicht genug von der Weisheit des Fürsten und der Aufnahme des Landes zu reden. Wird ihm aber vor Sonnenuntergang seine Hoffnung wieder entzogen, so ists um sein Vaterland, wo nicht um Europa geschehen.

Sitten verändern sich mit dem Vermögen, Gemüthsarten mit den Ländern, Meynungen mit den Büchern, und Grundsätze mit den Jahren.

Schwache Fürsten lieben vorzüglich zwey Arten von Menschen – Schlauköpfe, die ihnen schmeicheln, Narren und Schwachköpfe, über die sie lachen können. Sie wollen gerne über andere erhaben seyn, und daß sie es sind, dieß glauben sie den ersten, und fühlen's bey dem zweyten.

Der Mensch ist so eitel, daß ers oft gerade da am meisten ist, wo ers am wenigsten zu seyn glaubt. Wer in seinem Testament verordnet, ihm kein Grabmal zu errichten, ist nicht immer sicher, ob er nicht seiner Eitelkeit eines durch diesen Befehl stiften wollte.

Es ist schwer, von sich selbst zu reden. Es thut uns das Herz wehe, wenn wir uns tadeln, und andern das Ohr, wenn wir uns loben wollen. Indeß ist der Mensch so eitel, daß er lieber von sich eine Thorheit, als gar nichts erzählt.

Ein junger Mensch beklagte sich bey einem Weltweisen, daß seine Frau nicht schön wäre. «Thue – war die Antwort – weniger Wasser in deinen Wein, so wird sie schön werden.»

Ein Frauenzimmer ist so empfindsam, daß sie keine Mücke erdrücken, und so eitel, daß sie sich zu freuen nicht immer enthalten könnte, wenn sich ein verschmähter Liebhaber um ihretwillen durchbohren würde.

Nur wer ungewöhnliche Thorheiten an sich hat, kömmt ins Tollhaus; wer die gewöhnlichen mitmacht, ist ein Mann, der Welt hat, und zu leben weiß.

Liebe ist die Tochter der Eitelkeit, und die Mutter der Unruhe. Der muntre Theil des Menschengeschlechtes ist am meisten verliebt, und der ernsthafte liebt am meisten.

Das Kunststück, andere gut zu unterhalten, besteht nicht so viel darinn, daß du ihnen viel zu sagen weißt, als daß du ihnen Anlaß, selbst viel zu reden, giebst. Wenn sie nur immer von dir hören müßten, fühlen sie deinen Reichthum, und ihre Armuth; wenn sie dir viel vorsagen können, schmeichelt ihnen deine Gelehrigkeit und ihr Talent.

Wir können von den Kindern eben so viel lernen, als sie von uns. Wir zeigen ihnen, wie sie Menschen werden mögen, und sie uns, was der Mensch sey. – Unser Blick kann die Sonne nur im Auf- und Niedergang umfassen, und den Menschen nur, wenn er sich noch nicht zu weit von seiner Geburtsstunde entfernt, und wieder nahe an seine Sterbestunde rückt.

Jede neue Kenntniß von einem vorhin unbekannten Volke giebt uns neue Aufklärung über den Menschen. Reisen zur Entdeckung neuer Landstriche und Innwohner sind ein überaus zuträgliches Mittel, uns selbst zu entdecken.

Wo alter Irrthum herrscht, macht neue Wahrheit selten ihr Glück. Alte Kirchen haben dunkle Fenster, und alte Leute blöde Augen; beyde wollen das Licht nicht zulassen.

Die Sachwalter verfahren, wie die Fischer. Diese machen das helle Wasser trübe, und jene die klare Sache dunkel; so fangen beyde.

Der kluge Bettler spricht nicht so gerne einen, der allein, als zwey an, die zusammen gehen. So geben beyde, nicht immer, weil beyde mildthätig sind, sondern weil es einer dem andern zu scheinen verlangt.

Willst du einen standhaften Gönner haben, so sey nicht nur dankbar, sondern mache auch, daß seine Wohlthat beym Volke bekannt werde. Das bindet, wie Kitt. Man gefällt sich im Werk seiner Hände, und zieht sie nicht leicht ab, bis es fertig ist.

Der Wein ist die Waage des Menschen – Lege Freunde und Feinde darauf, und prüfe, wieviel löthig sie seyen. Wer sich auf die Waage nicht legen läßt, muß den Wein, oder dich, oder sich scheuen.

Ein Weiser ist in der Gesellschaft, wie der Mond, bald halb, bald voll; in seinem Hause, und bey sich immer eine Sonne. Wenn von ihm das eigne volle Licht nicht immer ausströmt, so liegt die Ursache nicht darinn, weil er zu wenig, sondern oft weil er mehr hat, als uns wohl thut. – Es giebt viele Sonnen unter den Menschen, aber unsere Vorurtheile sind der Mond, der dazwischen tritt, daß sie die Erde nicht erleuchten.

Das Trauerspiel gewinnt am Lesen, das Lustspiel in der Vorstellung. Man kann für sich allein tragisch betrübt, aber nur in Gesellschaft komisch vergnügt seyn.

Schrecken ist das Präludium zu allen Affekten. Alle heftige Leidenschaften sind wie ein kaltes Fieber, erst Frost, dann Hitze.

Wer weint, lacht leichter, als wer ernsthaft ist. Bring einen Betrübten zum Weinen, so hast du ihn auch bald zum Lachen. Empfindung läßt sich von außen hinein erregen, aber Ernst wird von innen heraus gewirkt.

Ein stiller Schmerz ist der gefährlichste. Wenn er poltert, schlägt und stößt, legt sich der Sturm, und es kömmt Stille. Strenge Herren regieren nicht lange.

Leute von windstiller Art lassen sich selbst im Tode nicht aus dem Concept bringen. Ihre letzten Reden sehen aus, wie Tischreden; ihre Abreise ist ohne Geräusch, und wie *incognito*.

Aus Ton, Kleid und Gebärde sprich über den Menschen nicht ab. Unter der ste[i]nichten Erde liegt oft Gold, unter rohen Manieren ein edles Herz. Das Geläute, das ruft, ist oft schlecht, aber die Kirche, zu der es einlädt, schön gebaut.

Beym Schulgerechten ist das Gesicht ein Syllogismus, beym Dogmatiker eine Demonstration, beym Kritiker eine läuternde Schmelzkapelle, und beym Zweifler ein lauters Fragzeichen.

Die meisten Menschen wandeln im Reiche und Reichthum der Natur, wie man die Gelehrten malt – mit einem Buche in der Hand, aber mit einem Auge, das darüber wegsieht.

Es giebt einen Blick, dem der größte Theil der Menschen nicht gerne steht, der Blick des Menschenkenners. Sein Auge trifft und prüft, ist Schwert und Waage.

Die Engländer sagen nicht Stirn und Scheitel, sondern Vorkopf, Kopfkrone. Sie machen viel aus dem Kopfe, und haben viel.

Die ersten Eindrücke haften. Beym Schritte, den man allmählig an's Grab thut, setzt man noch den Fuß, wie beym ersten, da man gehen gelehrt worden. Wer eine Mamsell gehabt, behält etwas Mamsellähnliches, auch wenn er schon Feldmarschall ist.

Gebt dem Liebhaber eine Silhouette, und kein Gemälde. Seine Einbildung will beschäftigt seyn, und malt den Gegenstand genauer aus, als euer Pinsel.

Einige wollen dadurch groß erscheinen, daß sie überall den Ton geben, und andere dadurch artig, daß sie bey jeder neuen Mode den gegebnen nehmen. Der kluge edle Mann will weder überall Ton geben, noch nehmen.

Zu viel Ernst beweiset zu wenig Herz, und zu viel Scherz, zu wenig Verstand.

Es giebt wenig Menschen, die zugleich unternehmend und biegsam, zugleich geistvoll und fleißig sind.

Die Menschen sind selten, was sie scheinen, aber noch seltner etwas bessers.

Ein Listigverstellter spricht gerne, ein noch Unverdorbner ungerne von der Tugend, die er nicht hat. Der erste will den Vorwürfen andrer vorbeugen, und der zweyte sich selbst keine machen.

Der Gute erträgt den Bösen leicht, er sucht seine gute Seite auf – Der Böse den Guten schwer; er späht seine schlechte Seite aus, oder stellt sich eine vor.

Gar zu listigen Leuten schlägt oft eine Sache bloß darum fehl, weil sie andere für noch größere Betrieger halten, als sie selbst sind.

Auch der Redlichste erzählt seine Geschichte partheyisch. Er will nie lasterhaft, höchstens schwach gewesen seyn, und nun stark erscheinen, da er dieß bekennet.

Ein eitles Frauenzimmer verzeiht ehe alle Thorheiten, wozu unvernünftige Liebe verleitet, als die Rückkehr zum gesunden Zustande, wozu Vernunft auffodert. Es schmeichelt ihrer Eitelkeit zu sehr, die Übermacht ihrer Reize über die Stärke unserer Vernunft zu beweisen.

Laßt alle Sprachen vom Thurmbau zu Babel auf einmal los, sie können doch nicht ausdrücken, was der aufmerksame Mensch in sich fühlt und wahrnimmt.

Die Regierung einer Dame nach dem verdorbnen Pariser-Zuschnitte hat drey Epochen: Coquette, dann Freygeist, dann Bethschwester. Die ersten dreyßig Jahre hält sie Sklaven der Liebe, dann Sklaven des Un- und des Aberglaubens.

Dem großen Manne schmeckt das Complimentmachen und Schmeicheln nicht, und dem kleinen verdirbts den Magen.

Leute, die immer die Augen niederschlagen, schämen sich wohl der Kundschaft, die ihnen an der Nase und im Gesichte hängt.

Lustige Leute begehen mehr Thorheiten, als traurige, aber diese größere, als jene.

Was wirkt die Vernunft bey den meisten Menschen? – Nicht viel mehr, als daß der Bauer den Ochsen, und nicht der Ochs den Bauern treibt.

Auch ein Narr hat Verdienst bey einer Verliebten. Er macht mehr Sprünge, als ihr Affe; plaudert mehr, als ihr Papagey;

schmeichelt mehr, als ihr Schooßhündchen; und lügt mehr, als ihr Kammermädchen.

Wenn die höhern Seelenkräfte verdorben sind, und die niedern gereizt werden, so entstehen Mysterien, und geheime Gesellschaften. Man nimmt oft nur darum theure Eidschwüre ab, den Profanen nichts auszuschwätzen, weil man zu arm ist, um den Eingeweihten etwas Kluges vorzusagen. Man kocht gemeine Speisen, und sucht den Appetit zu reizen, indem man sie in verdeckten Schüßeln aufträgt.

Einige glauben sich dadurch sicher, die Wahrheit zu haben, weil sie auf ihrer Meynung beharren; andere, jene zu lieben, weil sie diese ändern. Aber der Mensch tauscht nicht immer Wahrheit für Vorurtheil, sondern weit öfter Irrthum für Irrthum ein. Nicht alle, die erwachen, hören zu schlafen auf – Sie legen sich nur auf die andere Seite.

Mancher Zirkel hält so abgeschliffne Leute, als die alten Kaisergroschen sind, auf denen kein eigenthümliches Gepräge mehr kenntlich ist. – Sie suchen sich ohne Liebe, verlassen sich ohne Kummer, und schleppen ihre Lebenszeit unter Spiel und Schmaus, wie eine Last, fort.

Johann Wolfgang von Goethe

Wilhelm Meisters Lehrjahre

[1795/96]

Lehrbrief
[Erste Gruppe]

Die Kunst ist lang, das Leben kurz, das Urtheil schwierig, die Gelegenheit flüchtig.

Handeln ist leicht, denken schwer; nach dem Gedachten handeln unbequem.

Aller Anfang ist heiter, die Schwelle ist der Platz der Erwartung.

Der Knabe staunt, der Eindruck bestimmt ihn, er lernt spielend, der Ernst überrascht ihn.

Die Nachahmung ist uns angeboren, das Nachahmende wird nicht leicht erkannt.

Selten wird das Treffliche gefunden, seltner geschätzt.

Die Höhe reizt uns, nicht die Stufen; den Gipfel im Auge wandeln wir gerne auf der Ebene.

Nur ein Theil der Kunst kann gelehrt werden, der Künstler braucht sie ganz.

Wer sie halb kennt, ist immer irre und redet viel, wer sie ganz besitzt, mag nur thun und redet selten oder spät.

Jene haben keine Geheimnisse und keine Kraft, ihre Lehre ist wie gebackenes Brod schmackhaft und sättigend für Einen Tag; aber Mehl kann man nicht säen, und die Saatfrüchte sollen nicht vermahlen werden.

Die Worte sind gut, sie sind aber nicht das Beste.

Das Beste wird nicht deutlich durch Worte.

Der Geist, aus dem wir handeln, ist das Höchste.

Die Handlung wird nur vom Geiste begriffen und wieder dargestellt.

Niemand weiß was er thut, wenn er recht handelt, aber des Unrechten sind wir uns immer bewußt.

Wer bloß mit Zeichen wirkt, ist ein Pedant, ein Heuchler oder ein Pfuscher.

Es sind ihrer viel, und es wird ihnen wohl zusammen.

Ihr Geschwätz hält den Schüler zurück, und ihre beharrliche Mittelmäßigkeit ängstigt die Besten.

Des ächten Künstlers Lehre schließt den Sinn auf, denn wo die Worte fehlen, spricht die That.

Der ächte Schüler lernt aus dem Bekannten das Unbekannte entwickeln, und nähert sich dem Meister.

[Zweite Gruppe]

Die Neigung der Jugend zum Geheimniß, zu Ceremonien und großen Worten ist außerordentlich, und oft ein Zeichen einer gewissen Tiefe des Characters.

Man will in diesen Jahren sein ganzes Wesen, wenn auch nur dunkel und unbestimmt, ergriffen und berührt fühlen.

Der Jüngling, der vieles ahnet, glaubt in einem Geheimnisse viel zu finden, in ein Geheimniß viel legen und durch dasselbe wirken zu müssen.

Derjenige, an dem viel zu entwickeln ist, wird später über sich und die Welt aufgeklärt.

Es sind nur wenige, die den Sinn haben und zugleich zur That fähig sind.

Der Sinn erweitert, aber lähmt, die That belebt, aber beschränkt.

Man soll sich vor einem Talente hüten, das man in Vollkommenheit auszuüben nicht Hoffnung hat.

Man mag es darin so weit bringen, als man will, so wird man doch immer zuletzt, wenn uns einmal das Verdienst des Meisters klar wird, den Verlust von Zeit und Kräften, die man auf eine solche Pfuscherey gewendet hat, schmerzlich bedauren.

Nur alle Menschen machen die Menschheit aus, nur alle Kräfte zusammengenommen die Welt.

Die sind unter sich oft im Widerstreit, und indem sie sich zu zerstören suchen, hält sie die Natur zusammen, und bringt sie wieder hervor.

Von dem geringsten thierischen Handwerkstriebe, bis zur höchsten Ausübung der geistigsten Kunst, vom Lallen und Jauchzen des Kindes, bis zur trefflichsten Aeußerung des Redners und Sängers, vom ersten Balgen der Knaben bis zu den ungeheuren Anstalten, wodurch Länder erhalten und erobert werden, vom leichtesten Wohlwollen und der flüchtigsten Liebe, bis zur heftigsten Leidenschaft und zum ernstesten Bunde, von dem reinsten Gefühl der sinnlichen Gegenwart bis zu den leisesten Ahndungen und Hoffnungen der entferntesten geistigen Zukunft, alles das und weit mehr liegt im Menschen, und muß ausgebildet werden; aber nicht in Einem, sondern in vielen.

Jede Anlage ist wichtig, und sie muß entwickelt werden.

Wenn einer nur das Schöne, der andere nur das Nützliche befördert, so machen beyde zusammen erst einen Menschen aus.

Das Nützliche befördert sich selbst, denn die Menge bringt es hervor, und alle könnens nicht entbehren; das Schöne muß befördert werden, denn wenige stellens dar, und viele bedürfens.

Eine Kraft beherrscht die andere, aber keine kann die andere bilden; in jeder Anlage liegt auch allein die Kraft sich zu vollenden; das verstehen so wenig Menschen, die doch lehren und wirken wollen. –

Johann Gottfried Seume

Obolen

[1796]

Bemerkungen

Es wird dem rechtschaffenen Menschenfreunde so schwer zu glauben, daß er von irgend Jemand gehaßt werde, weil der Haß seiner Seele fremd ist.

Die hellste, unparteilichste Philosophie muß gestehen, daß Egoismus das Grundprincip aller unserer Gesinnungen und Handlungen, folglich unserer Moralität sei. Aber wehe dem kalten Vernunftmenschen, der dieses Resultat seiner Untersuchungen beständig eingedenk mit sich herumträgt! Es ist die größte Wohlthat des Schöpfers, daß wir so oft Dinge vergessen, deren nackte Wahrheit unserm Herzen seine wohlthätige, leidenschaftliche Wärme nehmen und uns statt des großen Enthusiasmus für alles Gute oft nur eine engbrüstige Selbstsucht geben würde.

Derjenige ist immer der Tugendhafteste, der seinen Vortheil am Besten versteht und sich den bleibendsten Vortheil erwerben kann.

Wenn uns der Richter in uns nicht verdammt, so wird es uns leicht, das Verdammungsurtheil von Andern anzuhören; aber die Lossprechung durch einen fremden Richter schlägt uns nieder, wenn der innere Inquisitor die Absolution nicht unterschreibt.

Wen Lob und Tadel in die Höhe heben und zu Boden schlagen, ist ebenso schwach, als Der vermessen ist, dem Beides ganz gleichgiltig bleibt.

Niemand sage, daß er ein Mann sei, wenn ihn ein Unglück, das nur ihn selbst allein betrifft, noch sehr lebhaft rühren kann.

Wo nur eiskalte Vernunft herrscht, ist furchtbare Härte; wo nur gute menschliche Empfindung führt, meistens Schwachheit. Das beste Lebensregiment ist, wo das Gefühl die Segel schwellt und die Vernunft das Ruder hält.

Jede Lebensperiode hat ihre Leidenschaft zur Feindin; und wie man Niemand vor seinem Ende vollkommen glücklich nennen darf, so darf man Niemand vor seinem Ende vollkommen weise nennen.

Ein Dankbrief muß ganz aus dem Herzen geschrieben sein, weil die Dankbarkeit ein Gefühl ist.

Wenn heute Jemand bekennt, daß er sich gestern geirrt hat, so heißt das so viel, daß er heute weiser ist, als er gestern war. Dieses sollte billig den Widerwillen mindern, den wir gegen Entschuldigungen und Abbitten haben.

Auf dem Theater giebt es Personen, die man sehen und nicht hören, und andere die man hören und nicht sehen muß; sehr wenige darf man sehen und hören zugleich, und sehr viele sollte man weder sehen noch hören.

An dem Maßstabe des Verdienstes steig' ich hinauf von dem gewöhnlich guten Hausvater zu dem Manne der Stadt, zu dem Manne des Landes, zum Manne der Nation, zum Manne des Erdbodens, zum Manne des Universums. Der gute Hausvater arbeitet in und für den engen Kreis einer Familie; seinen Werth sieht nur seine Hausgenossenschaft und sein traulicher Nachbar: solcher Männer hat zum Glück jede Stadt noch viele. Der Mann der Stadt wirkt weiter; seine Mitbürger empfinden die Wohlthätigkeit seiner Arbeiten, ihnen opfert er seinen Fleiß, seinen Muth, seine Beharrlichkeit: jede Stadt hat solche Männer in ihrer Geschichte, deren Andenken sie verehrt. Der Mann des Landes weihet seine Kräfte dem Wohl seiner Provinz, verbreitet Licht um sich lehrt die Vortheile sehen und sie verfolgen, steht wie ein Fels gegen den Druck der Despotie und rettet einer Million das Palladium der Gerechtigkeit und Freiheit: solche Männer waren Solon, Lykurg, Moritz der Sachse. Männer der Nation geben ganzen Völkern durch ihre Kraft einen Schwung, machen durch ihr Leben die Periode ihres Ruhms und bleiben die Fixsterne an dem Horizonte ihrer Geschichte: solche Männer waren Alexander der Macedonier, waren einige große Römer; so ein Mann war Hermann, war Heinrich der Vierte der Gallier, war Gustav Wasa, war Peter der Erste. Männer des Erdbodens sind keiner Nation, sondern aller; sie wirken fort durch Reiche und Zeiten, und ihre Namen werden genannt mit Ehrfurcht vom Aufgang zum Niedergang: solche Männer waren Sokrates, Christus, Rousseau. Unter den Königen war noch keiner groß genung, daß er zu ihnen gesetzt werden könnte. Peter, der Russe, steht ihrem Geiste am Nächsten. Ein Mann der Welt umfaßt mit seinem Geiste die Systeme der Sterne, mißt Bahnen, wiegt Schweren, zieht Grenzen den Welten und öffnet die Bücher des Urwesens: ein solcher Mann war Newton, der Brite.

Friedrich Schlegel

Lyceum der schönen Künste

[1797]

Kritische Fragmente

Man nennt viele Künstler, die eigentlich Kunstwerke der Natur sind.

Jedes Volk will auf der Schaubühne nur den mittlern Durchschnitt seiner eignen Oberfläche schauen; man müßte ihm denn Helden, Musik oder Narren zum Besten geben.

Wenn Diderot im Jakob etwas recht genialisches gemacht hat, so kömmt er gewöhnlich gleich selbst hinterher, und erzählt seine Freude dran, daß es so genialisch geworden ist.

Es giebt so viel Poesie, und doch ist nichts seltner als ein Poem! Das macht die Menge von poetischen Skizzen, Studien, Fragmenten, Tendenzen, Ruinen, und Materialien.

Manches kritische Journal hat den Fehler, welcher Mozarts Musik so häufig vorgeworfen wird: einen zuweilen unmäßigen Gebrauch der Blasinstrumente.

Man tadelt die metrische Sorglosigkeit der Götheschen Gedichte. Sollten aber die Gesetze der deutschen Hexameters wohl so consequent und allgemeingültig sein, wie der Charakter der Götheschen Poesie?

Mein Versuch über das Studium der griechischen Poesie ist ein manierirter Hymnus in Prosa auf das Objektive in der Poesie. Das Schlechteste daran scheint mir der gänzliche Mangel der unentbehrlichen Ironie; und das Beste, die zuversichtliche Voraussetzung, daß die Poesie unendlich viel werth sei; als ob dieß eine ausgemachte Sache wäre.

Eine gute Vorrede muß zugleich die Wurzel und das Quadrat ihres Buchs sein.

Witz ist unbedingt geselliger Geist, oder fragmentarische Genialität.

Man muß das Brett bohren, wo es am dicksten ist.

Es ist noch gar nichts recht Tüchtiges, was Gründlichkeit, Kraft und Geschick hätte, wider die Alten geschrieben worden; besonders wider ihre Poesie.

In dem, was man Philosophie der Kunst nennt, fehlt gewöhnlich eins von beiden; entweder die Philosophie oder die Kunst.

Jedes Gleichniß, was nur lang ist, nennt Bodmer gern homerisch. So hört man auch wohl Witz aristophanisch nennen, an dem nichts klassisch ist, als die Zwanglosigkeit und die Deutlichkeit.

Auch in der Poesie mag wohl alles Ganze halb, und alles Halbe doch eigentlich ganz sein.

Der dumme Herr in Diderots Jakob macht dem Künstler vielleicht mehr Ehre, als der närrische Diener. Er ist freilich nur beinah genialisch dumm. Aber auch das war wohl schwerer zu machen, als einen ganz genialischen Narren.

Genie ist zwar nicht Sache der Willkür aber doch der Freyheit, wie Witz, Liebe und Glauben, die einst Künste und Wissenschaften werden müssen. Man soll von jedermann Genie fordern, aber ohne es zu erwarten. Ein Kantianer würde dieß den kategorischen Imperativ der Genialität nennen.

Nichts ist verächtlicher als trauriger Witz.

Die Romane endigen gern, wie das Vaterunser anfängt: mit dem Reich Gottes auf Erden.

Manches Gedicht wird so geliebt, wie der Heiland von den Nonnen.

Eine classische Schrift muß nie ganz verstanden werden können. Aber die, welche gebildet sind und sich bilden, müssen immer mehr draus lernen wollen.

Wie ein Kind eigentlich eine Sache ist, die ein Mensch werden will: so ist auch das Gedicht nur ein Naturding, welches ein Kunstwerk werden will.

Ein einziges analytisches Wort, auch zum Lobe, kann den vortrefflichsten witzigen Einfall, dessen Flamme nun erst wärmen sollte, nachdem sie geglänzt hat, unmittelbar löschen.

In jedem guten Gedicht muß alles Absicht, und alles Instinkt seyn. Dadurch wird es idealisch.

Die kleinsten Autoren haben wenigstens die Ähnlichkeit mir dem großen Autor des Himmels und der Erde, daß sie nach vollbrachtem Tagewerke zu sich selbst zu sagen pflegen: «Und siehe, was er gemacht hatte, war gut.»

Die beyden Hauptgrundsätze der sogenannten historischen Kritik sind das Postulat der Gemeinheit, und das Axiom der Gewöhnlichkeit. Postulat der Gemeinheit: Alles recht Große, Gute und Schöne ist unwahrscheinlich, denn es ist außerordentlich, und zum mindesten verdächtig. Axiom der Gewöhnlichkeit: Wie es bey uns und um uns ist: so muß es überall gewesen seyn: denn das ist ja alles so natürlich.

Die Romane sind die sokratischen Dialoge unserer Zeit. In diese liberale Form hat sich die Lebensweisheit vor der Schulweisheit geflüchtet.

Ein Kritiker ist ein Leser, der wiederkäut. Er sollte also mehr als einen Magen haben.

Sinn (für eine besondere Kunst, Wissenschaft, einen Menschen, *u.s.w.*) ist dividirter Geist; Selbstbeschränkung, also ein Resultat von Selbstschöpfung und Selbstvernichtung.

Anmuth ist korrektes Leben; Sinnlichkeit die sich selbst anschaut, und sich selbst bildet.

An die Stelle des Schicksals tritt in der modernen Tragödie zuweilen Gott der Vater, noch öfter aber der Teufel selbst. Wie kommts, daß dieß noch keinen Kunstgelehrten zu einer Theorie der diabolischen Dichtart veranlaßt hat?

Die Eintheilung der Kunstwerke in naive und sentimentale, ließe sich vielleicht sehr fruchtbar auch auf die Kunsturtheile anwenden. Es giebt sentimentale Kunsturtheile, denen nichts fehlt als eine Vignette und ein Motto, um auch vollkommen naiv zu seyn. Zur Vignette, ein blasender Postillion. Zum Motto eine Phrasis des alten Thomasius beym Schluß einer akademischen Festrede: *Nunc vero musicantes musicabunt cum paucis et trompetis.*

Die chemische Klassifikation der Auflösung in die auf dem trocknen und in die auf dem nassen Wege, ist auch in der Litteratur auf die Auflösung der Autoren anwendbar, die nach Erreichung ihrer äußersten Höhe sinken müssen. Einige verdampfen, andre werden zu Wasser.

Eins von beyden ist fast immer herrschende Neigung jedes Schriftstellers: entweder manches nicht zu sagen, was durchaus gesagt werden müßte, oder vieles zu sagen, was durchaus nicht gesagt zu werden brauchte. Das erste ist die Erbsünde der synthetischen Naturen, das lezte der analytischen.

Ein witziger Einfall ist eine Zersetzung geistiger Stoffe, die also vor der plötzlichen Scheidung innigst vermischt seyn mußten. Die Einbildungskraft muß erst mit Leben jeder Art bis zur Sättigung angefüllt seyn, ehe es Zeit seyn kann, sie durch die Frikzion freyer Geselligkeit so zu elektrisiren, daß der Reiz der leisesten freundlichen oder feindlichen Berührung ihr blitzende Funken und leuchtende Strahlen, oder schmetternde Schläge entlocken kann.

Mancher redet so vom Publikum, als ob es jemand wäre, mit dem er auf der Leipzigermesse im *hôtel de Saxe* zu Mittage gespeist hätte. Wer ist dieser Publikum? – Publikum ist gar keine Sache, sondern ein Gedanke, ein Postulat, wie Kirche.

Wer noch nicht bis zur klaren Einsicht gekommen ist, daß es eine Größe noch ganz ausserhalb seiner eigenen Sphäre geben könne, für die ihm der Sinn durchaus fehle; wer nicht wenigstens dunkle Vermuthungen hat, nach welcher Weltgegend des menschlichen Geistes hin diese Größe ungefähr gelegen seyn möge: der ist in seiner eignen Sphäre entweder ohne Genie, oder noch nicht bis zum Klassischen gebildet.

Um über einen Gegenstand gut schreiben zu können, muß man sich nicht mehr für ihn interessiren; der Gedanke, den man mit Besonnenheit ausdrücken soll, muß schon gänzlich vorbey seyn, einen nicht mehr eigentlich beschäftigen. So lange der Künstler erfindet und begeistert ist, befindet er sich für die Mittheilung wenigstens in einem illiberalen Zustande. Er wird dann alles sagen wollen; welches eine falsche Tendenz junger Genies, oder ein richtiges Vorurtheil alter Stümper ist. Dadurch verkennt er den Werth und die Würde der Selbstbeschränkung, die doch für den Künstler wie für den Menschen das Erste und das Letzte, das Nothwendigste und das Höchste ist. Das Nothwendigste: denn überall, wo man sich nicht selbst beschränkt, beschränkt einen die Welt; wodurch man ein Knecht wird. Das Höchste: denn man kann sich nur in den Punkten und an den Seiten selbst beschränken, wo man unendliche Kraft hat, Selbstschöpfung und Selbstvernichtung. Selbst ein freundschaftliches Gespräch, was nicht in jedem Augenblick frey abbrechen kann, aus unbedingter Willkühr, hat etwas Illiberales. Ein Schriftsteller aber, der sich rein ausreden will und kann, der nichts für sich behält, und alles sagen mag, was er weiß, ist sehr zu beklagen. Nur vor drey Fehlern hat man sich zu hüten. Was unbedingte Willkühr, und sonach Unvernunft oder Übervernunft scheint und scheinen soll, muß dennoch im Grunde auch wieder schlechthin nothwendig und vernünftig seyn; sonst wird die Laune Eigensinn, es entsteht Illiberalität, und aus Selbstbeschränkung wird Selbstvernichtung. Zweytens: man muß mit der Selbstbeschränkung nicht zu sehr eilen, und erst der Selbstschöpfung, der Erfindung und Begeisterung Raum lassen, bis sie fertig ist. Drittens: man muß die Selbstbeschränkung nicht übertreiben.

An dem Urbilde der Deutschheit, welches einige große vaterländische Erfinder aufgestellt haben, läßt sich nichts tadeln als die falsche Stellung. Diese Deutschheit liegt nicht hinter uns, sondern vor uns.

Die Geschichte der Nachahmung der alten Dichtkunst, vornämlich im Auslande hat unter andern auch den Nutzen, daß sich die wichtigen Begriffe von unwillkürlicher Parodie und passivem Witz, hier am leichtesten und vollständigsten entwickeln lassen.

In der in Deutschland erfundenen und in Deutschland geltenden Bedeutung ist Ästhetisch ein Wort, welches wie bekannt eine gleich vollendete Unkenntniß der bezeichneten Sache und der bezeichnenden Sprache verräth. Warum wird es noch beybehalten?

An geselligem Witz und geselliger Fröhlichkeit sind wenige Bücher mit dem Roman Faublas zu vergleichen. Er ist der Champagner seiner Gattung.

Die Philosophie ist die eigentliche Heimath der Ironie, welche man logische Schönheit definiren möchte: denn überall wo in mündlichen oder geschriebenen Gesprächen, und nur nicht ganz systematisch philosophirt wird, soll man Ironie leisten und fordern; und sogar die Stoiker hielten die Urbanität für eine Tugend. Freylich giebts auch eine rhetorische Ironie, welche sparsam gebraucht vortreffliche Wirkung thut, besonders im Polemischen; doch ist sie gegen die erhabne Urbanität der Sokratischen Muse, was die Pracht der glänzendsten Kunstrede gegen eine alte Tragödie in hohem Styl. Die Poesie allein kann sich auch von dieser Seite bis zur Höhe der Philosophie erheben, und ist nicht auf ironische Stellen begründet, wie die Rhetorik. Es giebt alte und moderne Gedichte, die durchgängig im Ganzen und überall den göttlichen Hauch der Ironie athmen. Es lebt in ihnen eine wirklich transcendentale

Buffonerie. Im Innern, die Stimmung, welche alles übersieht, und sich über alles Bedingte unendlich erhebt, auch über eigne Kunst, Tugend, oder Genialität: im Äußern, in der Ausführung die mimische Manier eines gewöhnlichen guten italiänischen Buffo.

Hippel, sagt Kant, hatte die empfehlungswürdige Maxime, man müsse das schmackhafte Gericht einer launigen Darstellung noch durch die Zuthat des Nachgedachten würzen. Warum will Hippel nicht mehr Nachfolger in dieser Maxime finden, da doch Kant sie gebilligt hat?

Man sollte sich nie auf den Geist des Alterthums berufen, wie auf eine Autorität. Es ist eine eigene Sache mit den Geistern; sie lassen sich nicht mit Händen greifen, und dem Andern vorhalten. Geister zeigen sich nur Geistern. Das Kürzeste und das Bündigste wäre wohl auch hier, den Besitz des alleinseligmachenden Glaubens durch gute Werke zu beweisen.

Bey der sonderbaren Liebhaberey moderner Dichter für griechische Terminologie in Benennung ihrer Produkte, erinnert man sich der naiven Äußerung eines Franzosen bey Gelegenheit der neuen altrepublikanischen Feste: *que pourtant nous sommes menacés de rester toujours François.* – Manche solcher Benennungen der Feudalpoesie können bey den Litteratoren künftiger Zeitalter ähnliche Untersuchungen veranlassen, wie die, warum Dante sein großes Werk eine göttliche Komödie nannte. – Es gibt Tragödien, die man, wenn einmal etwas griechisches im Namen seyn soll, am besten traurige Mimen nennen könnte. Sie scheinen nach dem Begriff von Tragödie getauft zu sein, der einmal beim Shakespear vorkommt, aber von großer Allgemeinheit in der modernen Kunstgeschichte ist: eine Tragödie ist ein Drama, worin Pyramus sich selbst umbringt.

Die Römer sind uns näher und begreiflicher als die Griechen; und doch ist ächter Sinn für die Römer noch ungleich seltner als der für die Griechen, weil es weniger synthetische als analytische Naturen giebt. Denn auch für Nazionen giebts einen eignen Sinn; für historische wie für moralische Individuen, nicht bloß für praktische Gattungen, Künste oder Wissenschaften.

Wer etwas Unendliches will, der weiß nicht was er will. Aber umkehren läßt sich dieser Satz nicht.

Ironie ist die Form des Paradoxen. Paradox ist alles, was zugleich gut und groß ist.

Eins der wichtigsten Moyens der dramatischen und romantischen Kunst bey den Engländern sind die Guineen. Besonders in der Schlußcadence werden sie stark gebraucht, wenn die Bässe anfangen recht voll zu arbeiten.

Wie tief doch im Menschen der Hang wurzelt, individuelle oder nazionale Eigenheiten zu generalisiren! Selbst Chamfort sagt: »*Les vers ajoutent de l'esprit a la pensée de l'homme qui en a quelquefois assez peu; et c'est ce qu'on appelle talent.*» – Ist dieß allgemeiner französischer Sprachgebrauch?

Witz als Werkzeug der Rache ist so schändlich, wie Kunst als Mittel des Sinnenkitzels.

[...]

Johann Gottfried Seume:

Obolen

[1798]

Neue wohlgeordnete Auszüge aus Büchern und Zeitungen

Es ist schon Manches über Hannibal's Perrücke gesagt worden – aber die kritische Philosophie hat diesen wichtigen Punkt in ihren Untersuchungen bei Weitem noch nicht hinlänglich erörtert.

Als der Consul Mummius Korinth erobert und die schönsten Statuen mit großer Sorgfalt nach Rom geschickt hatte – stiegen in London die Actien sogleich um sieben Procent, welcher glückliche Vorfall auf der Börse einen allgemeinen Jubel verursachte.

Die dreißigtausend Freudenmädchen auf der Costnitzer Kirchenversammlung – wurden hierauf mit großer Feierlichkeit eingeholt, und den folgenden Tag wurde in der Kathedralkirche vom Erzbischof ein feierliches Hochamt gehalten.

Obgleich Sokrates in seinem Korbe vortrefflich Astronomie studirte – so ist es deswegen doch immer noch unentschieden, an welcher Todesart der Papst Ganganelli gestorben.

Ohne diese Hilfe hätte gewiß Cicero trotz seiner ganzen Beredsamkeit die Rotte des Catilina nicht besiegt – denn ohne Zweifel würde durch Abschaffung der Fasten in den katholischen Ländern der Stockfischhandel sehr leiden und also der Industrie Schade geschehen.

Als Pitt diese energische Rede gehalten hatte – wurde auf einmal das Wasser sehr trübe, und der Fischzug ging desto besser.

Das wunderthätige Bett des Doctor Graham aus London – ist wegen seiner Brauchbarkeit besonders in den Klöstern in Süddeutschland sehr in Ruf gekommen.

Die ächte Orthodoxie drohet leider immer mehr in Verfall zu gerathen – deswegen haben auch die Parforcejagden sehr abgenommen, und man fängt sogar an, über das Steuersystem zu philosophiren.

Die vornehmen Fremden mußten diesen Abend mit einer sehr mäßigen Bewirthung zufrieden sein – weil die Schornsteinfeger- und Schlosserjungen der Madam Sch––tz die Fenster eingeworfen und ihr Etablissement auf einige Zeit außer Stand gesetzt hatten.

Die Unschuld des Mannes wäre freilich wol zu beweisen und der arme Wicht zu retten gewesen – wenn der Geheimerath, der den Schnupfen hatte, die Acten selbst hätte durchsehen können und der Fürst von der Saujagd nicht sehr verdrießlich zurückgekommen wäre.

Es würde bei Hofe und im Lande Alles gut sein, wenn der Weg zum Regenten nicht – durch die Tasche des Kammerlakaien ginge.

Die Lehre von der Synthesis der Apperception – ist in den baierischen Klöstern und in der Lombardei sehr in die

Mode gekommen – und man verspricht sich davon eine gesegnete Heuernte.

Die Philosophie und alle Wissenschaften sind jetzt allerdings zu einem ungewöhnlichen Grad der Vollkommenheit gediehen – aber unter allen sind doch die Dampfnudeln das beste Gericht.

Die Skepse des Pyrrho und Arcesilas – wurde folgenden Tag Sr. Maroccanischen Majestät mit dem dort gewöhnlichen Cerimoniel vorgestellt, und gleich darauf schickte der Minister einen Expressen an seinen Hof ab, die Audienz zu melden.

Der Favorit mit seinem Anhange hat sich nachdrücklich der Einführung der Blitzableiter widersetzt – denn das neue Project soll gefährlich sein und sich mit der jetzigen Einrichtung der Finanzen durchaus nicht vertragen.

Nachdem der Divan versammelt war – und die Messe gehört hatte, ging das ganze Gefolge der hohen Herrschaften insgesammt auf das Schloß zur Mittagstafel.

Der berühmte Arzt wurde von der Aebtissin zu einer jungen Nonne gerufen – um daselbst einem Kaiserschnitte beizuwohnen, den man auch den nämlichen Nachmittag glücklich vollbracht.

Nachdem die Kosacken den Feind von der Piliza vertrieben hatten – setzte der Docent seine Ideen nach Kantischen Grundsätzen so deutlich aus einander, daß die ganze Versammlung überzeugt nach Hause ging.

In der Diplomatik haben wir seit Hugo Grotius wenige große Männer gehabt – aber unsere Artillerie und das

Bajonnett unserer braven Grenadiere haben endlich nach einem blutigen Gefechte zu unserm Vortheil entschieden.

Nach allen Gründen des bürgerlichen und canonischen Rechts muß die Frau und zwar mit Zuchthausstrafe vom Manne geschieden werden – *praeterea censeo, Carthaginem esse delendam.*

Die Pest zu Constantinopel hat viel – zur Canonisation des Erfinders – der Accise beigetragen, wobei der *advocatus diaboli* sich viel Ehre erworben hat.

Die Ausfuhr des holländischen Käses ist überhaupt dieses Jahr sehr geringe gewesen – ein triftiger Beweis gegen Alle, die nicht mehr an die ewige Verdammniß glauben!

Novalis

Athenaeum.
Eine Zeitschrift von August Wilhelm Schlegel
und Friedrich Schlegel

[1798]

Blüthenstaub

Freunde, der Boden ist arm, wir müßen reichlichen Samen
Ausstreun, daß uns doch nur mäßige Erndten gedeihn.

Wir suchen überall das Unbedingte, und finden immer nur Dinge.

Die Bezeichnung durch Töne und Striche ist eine bewundernswürdige Abstrakzion. Vier Buchstaben bezeichnen mir Gott; einige Striche eine Million Dinge. Wie leicht wird hier die Handhabung des Universums, wie anschaulich die Konzentrizität der Geisterwelt! Die Sprachlehre ist die Dynamik des Geisterreichs. Ein Kommandowort bewegt Armeen; das Wort Freyheit Nazionen.

Der Weltstaat ist der Körper, den die schöne Welt, die gesellige Welt, beseelt. Er ist ihr nothwendiges Organ.

Lehrjahre sind für den poetischen, akademische Jahre für den philosophischen Jünger. Akademie sollte ein durchaus philosophisches Institut seyn: nur Eine Facultät; die ganze Einrichtung zur Erregung und zweckmäßigen Übung der Denkkraft organisirt.

Lehrjahre im vorzüglichen Sinn sind die Lehrjahre der Kunst zu leben. Durch planmäßig geordnete Versuche lernt man ihre Grundsätze kennen und erhält die Fertigkeit nach ihnen beliebig zu verfahren.

Ganz begreifen werden wir uns nie, aber wir werden und können uns weit mehr, als begreifen.

Gewisse Hemmungen gleichen den Griffen eines Flötenspielers, der um verschiedene Töne hervorzubringen, bald diese bald jene Öffnung zuhält, und willkührliche Verkettungen stummer und tönender Öffnungen zu machen scheint.

Der Unterschied zwischen Wahn und Wahrheit liegt in der Differenz ihrer Lebensfunkzionen. Der Wahn lebt von der Wahrheit; die Wahrheit lebt ihr Leben in sich. Man vernichtet den Wahn, wie man Krankheiten vernichtet, und der Wahn ist also nichts als logische Entzündung oder Verlöschung, Schwärmerey oder Philisterey. Jene hinterläßt gewöhnlich einen scheinbaren Mangel an Denkkraft, der durch nichts zu heben ist, als eine abnehmende Reihe von Inzitamenten, Zwangsmitteln. Diese geht oft in eine trügliche Lebhaftigkeit über, deren gefährliche Revoluzionssymptome nur durch eine zunehmende Reihe gewaltsamer Mittel vertrieben werden können. Beyde Disposizionen können nur durch chronische, streng befolgte Kuren verändert werden.

Unser sämtliches Wahrnehmungsvermögen gleicht dem Auge. Die Objekte müßen durch entgegengesetzte Media durch, um richtig auf der Pupille zu erscheinen.

Die Erfahrung ist die Probe des Razionalen, und so umgekehrt. Die Unzulänglichkeit der bloßen Theorie in der

Anwendung, über die der Praktiker oft kommentirt, findet sich gegenseitig in der razionalen Anwendung der bloßen Erfahrung, und wird von den ächten Philosophen, jedoch mit Selbstbescheidung der Nothwendigkeit dieses Erfolgs, vernehmlich genug bemerkt. Der Praktiker verwirft deshalb die bloße Theorie ganz, ohne zu ahnden wie problematisch die Beantwortung der Frage seyn dürfte: «Ob die Theorie für die Anwendung, oder die Anwendung um der Theorie willen sey?»

Das Höchste ist das Verständlichste, das Nächste, das Unentbehrlichste.

Wunder stehn mit naturgesetzlichen Wirkungen in Wechsel: sie beschränken einander gegenseitig, und machen zusammen ein Ganzes aus. Sie sind vereinigt, indem sie sich gegenseitig aufheben. Kein Wunder ohne Naturbegebenheit und umgekehrt.

Die Natur ist Feindin ewiger Besitzungen. Sie zerstört nach festen Gesetzen alle Zeichen des Eigenthums, vertilgt alle Merkmale der Formazion. Allen Geschlechtern gehört die Erde; jeder hat Anspruch auf alles. Die Frühern dürfen diesem Primogeniturzufalle keinen Vorzug verdanken. – Das Eigenthumsrecht erlischt zu bestimmten Zeiten. Die Ameliorazion und Deteriorazion steht unter unabänderlichen Bedingungen. Wenn aber der Körper ein Eigenthum ist, wodurch ich nur die Rechte eines aktiven Erdenbürgers erwerbe, so kann ich durch den Verlust dieses Eigenthums nicht mich selbst einbüßen. Ich verliere nichts, als die Stelle in dieser Fürstenschule, und trete in eine höhere Korporazion, wohin mir meine geliebten Mitschüler nachfolgen.

Leben ist der Anfang des Todes. Das Leben ist um des Todes willen. Der Tod ist Endigung und Anfang zugleich,

Scheidung und nähere Selbstverbindung zugleich. Durch den Tod wird die Redukzion vollendet.

Auch die Philosophie hat ihre Blüthen. Das sind die Gedanken, von denen man immer nicht weiß, ob man sie schön oder witzig nennen soll.

Die Fantasie setzt die künftige Welt entweder in die Höhe, oder in die Tiefe, oder in der Metempsychose zu uns. Wir träumen von Reisen durch das Weltall: ist denn das Weltall nicht in uns? Die Tiefen unsers Geistes kennen wir nicht. – Nach Innen geht der geheimnißvolle Weg. In uns, oder nirgends ist die Ewigkeit mit ihren Welten, die Vergangenheit und Zukunft. Die Außenwelt ist die Schattenwelt, sie wirft ihren Schatten in das Lichtreich. Jetzt scheint es uns freylich innerlich so dunkel, einsam, gestaltlos, aber wie ganz anders wird es uns dünken, wenn diese Verfinsterung vorbey, und der Schattenkörper hinweggerückt ist. Wir werden mehr genießen als je, denn unser Geist hat entbehrt.

Darwin macht die Bemerkung, daß wir weniger vom Lichte beym Erwachen geblendet werden, wenn wir von sichtbaren Gegenständen geträumt haben. Wohl also denen, die hier schon von Sehen träumten! Sie werden früher die Glorie jener Welt ertragen können.

Wie kann ein Mensch Sinn für etwas haben, wenn er nicht den Keim davon in sich hat? Was ich verstehn soll, muß sich in mir organisch entwickeln; und was ich zu lernen scheine, ist nur Nahrung, Inzitament des Organismus.

Der Sitz der Seele ist da, wo sich Innenwelt und Außenwelt berühren. Wo sie sich durchdringen, ist er in jedem Punkte der Durchdringung.

Wenn man in der Mittheilung der Gedanken zwischen absolutem Verstehen und absolutem Nichtverstehen abwechselt, so darf das schon eine philosophische Freundschaft genannt werden. Geht es uns doch mit uns selbst nicht besser. Und ist das Leben eines denkenden Menschen wohl etwas andres als eine stete innere Symphilosophie?

Genie ist das Vermögen von eingebildeten Gegenständen, wie von wirklichen zu handeln, und sie auch wie diese zu behandeln. Das Talent darzustellen, genau zu beobachten, zweckmäßig die Beobachtung zu beschreiben, ist also vom Genie verschieden. Ohne dieses Talent sieht man nur halb, und ist nur ein halbes Genie; man kann genialische Anlage haben, die in Ermangelung jenes Talents nie zur Entwickelung kommt.

Das willkührlichste Vorurtheil ist, daß dem Menschen das Vermögen außer sich zu seyn, mit Bewußtseyn jenseits der Sinne zu seyn, versagt sey. Der Mensch vermag in jedem Augenblicke ein übersinnliches Wesen zu seyn. Ohne dies wäre er nicht Weltbürger, er wäre ein Thier. Freylich ist die Besonnenheit, Sichselbstfindung, in diesem Zustande sehr schwer, da er so unaufhörlich, so nothwendig mit dem Wechsel unsrer übrigen Zustände verbunden ist. Je mehr wir uns aber dieses Zustandes bewußt zu seyn vermögen, desto lebendiger, mächtiger, genügender ist die Überzeugung, die daraus entsteht; der Glaube an ächte Offenbarungen des Geistes. Es ist kein Schauen, Hören, Fühlen; es ist aus allen dreyen zusammengesetzt, mehr als alles Dreyes: eine Empfindung unmittelbarer Gewißheit, eine Ansicht meines wahrhaftesten, eigensten Lebens. Die Gedanken verwandeln sich in Gesetze, die Wünsche in Erfüllungen. Für den Schwachen ist das Faktum dieses Moments ein Glaubensartikel. Auffallend wird die Erscheinung besonders beym Anblick mancher menschlichen

Gestalten und Gesichter, vorzüglich bey der Erblickung mancher Augen, mancher Minen, mancher Bewegungen, beym Hören gewisser Worte, beym Lesen gewisser Stellen, bey gewissen Hinsichten auf Leben, Welt und Schicksal. Sehr viele Zufälle, manche Naturereignisse, besonders Jahrs- und Tageszeiten, liefern uns solche Erfahrungen. Gewisse Stimmungen sind vorzüglich solchen Offenbarungen günstig. Die meisten sind augenblicklich, wenige verweilend, die wenigsten bleibend. Hier ist viel Unterschied zwischen den Menschen. Einer hat mehr Offenbarungsfähigkeit, als der andere. Einer hat mehr Sinn, der andere mehr Verstand für dieselbe. Der letzte wird immer in ihrem sanften Lichte bleiben, wenn der erste nur abwechselnde Erleuchtungen, aber hellere und mannichfaltigere hat. Dieses Vermögen ist ebenfalls Krankheitsfähig, die entweder Überfluß an Sinn und Mangel an Verstand, oder Überfluß an Verstand und Mangel an Sinn bezeichnet.

Scham ist wohl ein Gefühl der Profanazion. Freundschaft, Liebe und Pietät sollten geheimnißvoll behandelt werden. Man sollte nur in seltnen, vertrauten Momenten davon reden, sich stillschweigend darüber einverstehen. Vieles ist zu zart um gedacht, noch mehres um besprochen zu werden.

Selbstentäußerung ist die Quelle aller Erniedrigung, so wie im Gegentheil der Grund aller ächten Erhebung. Der erste Schritt wird Blick nach Innen, absondernde Beschauung unsers Selbst. Wer hier stehn bleibt, geäth nur halb. Der zweyte Schritt muß wirksamer Blick nach Außen, selbstthätige, gehaltne Beobachtung der Außenwelt seyn.

Derjenige wird nie als Darsteller etwas vozügliches leisten, der nichts weiter darstellen mag, als seine Erfahrungen, seine Lieblingsgegenstände, der es nicht über sich gewinnen kann, auch einen ganz fremden, ihm ganz uninteressanten Gegenstand, mit Fleiß zu studiren und mit Muße darzustellen. Der Darsteller muß alles darstellen können und wollen. Dadurch entsteht der große Styl der Darstellung, den man mit Recht an Goethe so sehr bewundert.

Hat man nun einmal die Liebhaberey fürs Absolute und kann nicht davon lassen: so bleibt einem kein Ausweg, als sich selbst immer zu widersprechen, und entgegengesetzte Extreme zu verbinden. Um den Satz des Widerspruchs ist es doch unvermeidlich geschehen, und man hat nur die Wahl, ob man sich dabey leidend verhalten will, oder ob man die Nothwendigkeit durch Anerkennung zur freyen Handlung adeln will.

Eine merkwürdige Eigenheit Goethe's bemerkt man in seinen Verknüpfungen kleiner, unbedeutender Vorfälle mit wichtigern Begebenheiten. Er scheint keine andre Absicht dabey zu hegen, als die Einbildungskraft auf eine poetische Weise mit einem mysteriösen Spiel zu beschäftigen. Auch hier ist der sonderbare Genius der Natur auf die Spur gekommen, und hat ihr einen artigen Kunstgriff abgemerkt. Das gewöhnliche Leben ist voll ähnlicher Zufälle. Sie machen ein Spiel aus, das wie alles Spiel auf Überraschung und Täuschung hinausläuft.

Mehre Sagen des gemeinen Lebens beruhn auf einer Bemerkung dieses verkehrten Zusammenhangs. So z.B. bedeuten böse Träume Glück; todtsagen langes Leben; ein Hase, der über'n Weg läuft, Unglück. Fast der ganze Aberglaube des gemeinen Volks beruht auf Deutungen dieses Spiels.

Die höchste Aufgabe der Bildung ist, sich seines transcendentalen Selbst zu bemächtigen, das Ich seines Ich's zugleich zu seyn. Um so weniger befremdlich ist der Mangel an vollständigem Sinn und Verstand für Andre. Ohne vollendetes Selbstverständniß wird man nie andere wahrhaft verstehn lernen.

Humor ist eine willkührlich angenommene Manier. Das Willkührliche ist das Pikante daran: Humor ist Resultat einer freyen Vermischung des Bedingten und Unbedingten. Durch Humor wird das eigenthümlich Bedingte allgemein interessant, und erhält objektiven Werth. Wo Fantasie und Urtheilskraft sich berühren, entsteht Witz; wo sich Vernunft und Willkühr paaren, Humor. Persifflage gehört zum Humor, ist aber um einen Grad geringer: es ist nicht mehr rein artistisch, und viel beschränkter. Was Fr. Schlegel als Ironie karakterisirt, ist meinem Bedünken nach nichts anders als die Folge, der Karakter der Besonnenheit, der wahrhaften Gegenwart des Geistes. Schlegels Ironie scheint mir ächter Humor zu seyn. Mehre Rahmen sind einer Idee vortheilhaft.

Das Unbedeutende, Gemeine, Rohe, Häßliche, Ungesittete, wird durch Witz allein Gesellschaftfähig. Es ist gleichsam nur um des Witzes willen: seine Zweckbestimmung ist der Witz.

Um das Gemeine, wenn man nicht selbst gemein ist, mit der Kraft und mit der Leichtigkeit zu behandeln, aus der die Anmuth entspringt, muß man nichts sonderbarer finden als das Gemeine, und Sinn fürs Sonderbare haben, viel darin suchen und ahnden. Auf die Art kann auch wohl ein Mensch, der in ganz andern Sphären lebt, gewöhnliche Naturen so befriedigen, daß sie gar kein Arg aus ihm haben, und ihn für nichts weiter halten, als was sie unter sich liebenswürdig nennen.

Wir sind auf einer Mißion: zur Bildung der Erde sind wir berufen.

Wenn uns ein Geist erschiene, so würden wir uns sogleich unsrer eignen Geistigkeit bemächtigen: wir würden inspirirt seyn durch uns und den Geist zugleich. Ohne Inspirazion keine Geistererscheinung. Inspirazion ist Erscheinung und Gegenerscheinung, Zueignung und Mittheilung zugleich.

Der Mensch lebt, wirkt nur in der Idee fort, durch die Erinnerung an sein Daseyn. Vor der Hand giebts kein anderes Mittel der Geisterwirkungen auf dieser Welt. Daher ist es Pflicht an die Verstorbenen zu denken. Es ist der einzige Weg in Gemeinschaft mit ihnen zu bleiben. Gott selbst ist auf keine andere Weise bey uns wirksam als durch den Glauben.

Interesse ist Theilnahme an dem Leiden und der Thätigkeit eines Wesens. Mich interessirt etwas, wenn es mich zur Theilnahme zu erregen weiß. Kein Interesse ist interessanter, als was man an sich selbst nimmt; so wie der Grund einer merkwürdigen Freundschaft und Liebe die Theilnahme ist, zu der mich ein Mensch reizt, der mit sich selbst beschäftigt ist, der mich durch seine Mittheilung gleichsam einladet, an seinem Geschäfte Theil zu nehmen.

Wer den Witz erfunden haben mag? Jede zur Besinnung gebrachte Eigenschaft, Handlungsweise unsers Geistes ist im eigentlichsten Sinn eine neuentdeckte Welt.

Der Geist erscheint immer nur in fremder, lustiger Gestalt.

Jetzt regt sich nur hie und da Geist: wann wird der Geist sich im Ganzen regen? wann wird die Menschheit in Masse sich selbst zu besinnen anfangen?

Der Mensch besteht in der Wahrheit. Giebt er die Wahrheit preis, so giebt er sich selbst preis. Wer die Wahrheit verräth,

verräth sich selbst. Es ist hier nicht die Rede vom Lügen, sondern vom Handeln gegen Überzeugung.

In heitern Seelen giebts keinen Witz. Witz zeigt ein gestörtes Gleichgewicht an: er ist die Folge der Störung und zugleich das Mittel der Herstellung. Den stärksten Witz hat die Leidenschaft. Der Zustand der Auflösung aller Verhältnisse, die Verzweiflung oder das geistige Sterben ist am fürchterlichsten witzig.

Von einem liebenswerthen Gegenstande können wir nicht genug hören, nicht genug sprechen. Wir freuen uns über jedes neue, treffende, verherrlichende Wort. Es liegt nicht an uns, daß er nicht Gegenstand aller Gegenstände wird.

Wir halten einen leblosen Stoff wegen seiner Beziehungen, seiner Formen fest. Wir lieben den Stoff, in so fern er zu einem geliebten Wesen gehört, seine Spur trägt, oder Ähnlichkeit mit ihm hat.

Ein ächter Klub ist eine Mischung von Institut und Gesellschaft. Er hat einen Zweck, wie das Institut; aber keinen bestimmten, sondern einen unbestimmten, freyen: Humanität überhaupt. Aller Zweck ist ernsthaft; die Gesellschaft ist durchaus fröhlich.

Die Gegenstände der gesellschaftlichen Unterhaltung sind nichts, als Mittel der Belebung. Dieß bestimmt ihre Wahl, ihren Wechsel, ihre Behandlung. Die Gesellschaft ist nichts, als gemeinschaftliches Leben: eine untheilbare denkende und fühlende Person. Jeder Mensch ist eine kleine Gesellschaft.

In sich zurückgehn, bedeutet bey uns, von der Außenwelt abstrahiren. Bey den Geistern heißt analogisch, das irdische

Leben eine innere Betrachtung, ein in sich Hineingehn, ein immanentes Wirken. So entspringt das irdische Leben aus einer ursprünglichen Reflexion, einem primitiven Hineingehn, Sammeln in sich selbst, das so frey ist, als unsre Reflexion. Umgekehrt entspringt das geistige Leben in dieser Welt aus einem Durchbrechen jener primitiven Reflexion. Der Geist entfaltet sich wiederum, geht aus sich selbst wieder heraus, hebt zum Theil jene Reflexion wieder auf, und in diesem Moment sagt er zum erstenmal Ich. Man sieht hier, wie relativ das Herausgehn und Hineingehn ist. Was wir Hineingehn nennen, ist eigentlich Herausgehn, eine Wiederannahme der anfänglichen Gestalt.

Ob sich nicht etwas für die neuerdings so sehr gemißhandelten Alltagsmenschen sagen ließe? Gehört nicht zur beharrlichen Mittelmäßigkeit die meiste Kraft? und soll der Mensch mehr als einer aus dem *Popolo* seyn?

Wo ächter Hang zum Nachdenken, nicht bloß zum Denken dieses oder jenes Gedankens, herrschend ist, da ist auch Progreßivität. Sehr viele Gelehrte besitzen diesen Hang nicht. Sie haben schließen und folgern gelernt, wie ein Schuster das Schuhmachen, ohne je auf den Einfall zu gerathen, oder sich zu bemühen, den Grund der Gedanken zu finden. Dennoch liegt das Heil auf keinem andern Wege. Bey vielen währt dieser Hang nur eine Zeitlang. Er wächst und nimmt ab, sehr oft mit den Jahren, oft mit dem Fund eines Systems, das sie nur suchten, um der Mühe des Nachdenkens ferner überhoben zu seyn.

[...]

FRIEDRICH VON HARDENBERG
AUGUST WILHELM SCHLEGEL
FRIEDRICH SCHLEGEL
FRIEDRICH SCHLEIERMACHER

Athenaeum.

Eine Zeitschrift von
August Wilhelm Schlegel und Friedrich Schlegel

[1798]

Fragmente

Ueber keinen Gegenstand philosophiren sie seltner als über die Philosophie.

Die Langeweile gleicht auch in ihrer Entstehungsart der Stickluft, wie in den Wirkungen. Beyde entwickeln sich gern, wo eine Menge Menschen im eingeschloßnen Raum beysammen ist.

Kant hat den Begriff des Negativen in die Weltweisheit eingeführt. Sollte es nicht ein nützlicher Versuch seyn, nun auch den Begrif des Positiven in die Philosophie einzuführen?

Zum großen Nachtheil der Theorie von den Dichtarten vernachläßigt man oft die Unterabtheilungen der Gattungen. So theilt sich zum Beyspiel die Naturpoesie in die natürliche und in die künstliche, und die Volkspoesie in die Volkspoesie für das Volk und in die Volkspoesie für Standespersonen und Gelehrte.

Was gute Gesellschaft genannt wird, ist meistens nur eine Mosaik von geschliffnen Karikaturen.

Manche haben es in Herrmann und Dorothea als einen großen Mangel an Delikatesse getadelt, daß der Jüngling seiner Geliebten, einer verarmten Bäurin, verstellter Weise den Vorschlag thut, als Magd in das Haus seiner guten Eltern zu kommen. Diese Kritiker mögen übel mit ihrem Gesinde umgehen.

Ihr verlangt immer neue Gedanken? Thut etwas neues, so läßt sich etwas neues darüber sagen.

Gewissen Lobrednern der vergangnen Zeiten unsrer Litteratur darf man kühnlich antworten, wie Sthenelos dem Agamemnon: wir rühmen uns viel besser zu seyn denn unsre Väter.

Zum Glück wartet die Poesie eben so wenig auf die Theorie, als die Tugend auf die Moral, sonst hätten wir fürs erste keine Hoffnung zu einem Gedicht.

Die Pflicht ist Kants Eins und Alles. Aus Pflicht der Dankbarkeit behauptet er, müsse man die Alten vertheidigen und schätzen; und nur aus Pflicht ist er selbst ein großer Mann geworden.

Der Parisischen schönen Welt haben Geßners Idyllen grade so gefallen, wie der an *haut gout* gewöhnte Gaum sich manchmal an Milchspeisen labt.

Man hat von manchem Monarchen gesagt: er würde ein sehr liebenswürdiger Privatmann gewesen seyn, nur zum Könige habe er nicht getaugt. Verhält es sich etwa mit der Bibel eben so? Ist sie auch bloß ein liebenswürdiges Privatbuch, das nur nicht Bibel seyn sollte?

Wenn junge Personen beyderley Geschlechts nach einer lustigen Musik zu tanzen wissen, so fällt es ihnen gar nicht ein, deshalb über die Tonkunst urtheilen zu wollen. Warum haben die Leute weniger Respekt vor der Poesie?

Schöner Muthwille im Vortrage ist das Einzige was die poetische Sittlichkeit lüsterner Schilderungen retten kann. Sie zeugen von Schlaffheit und Verkehrtheit wenn sich nicht überschäumende Fülle der Lebenskraft in ihnen offenbart. Die Einbildungskraft muß ausschweifen wollen, nicht dem herrschenden Hange der Sinne knechtisch nachzugeben gewohnt seyn. Und doch findet man unter uns meistens die fröhliche Leichtfertigkeit am verdammlichsten; hingegen hat man das stärkste in dieser Art verziehen, wenn es mit einer fantastischen Mystik der Sinnlichkeit umgeben war. Als ob eine Schlechtigkeit durch eine Tollheit wieder gut gemacht würde!

Der Selbstmord ist gewöhnlich nur eine Begebenheit, selten eine Handlung. Ist es das erste, so hat der Thäter immer Unrecht, wie ein Kind, das sich emanzipiren will. Ist es aber eine Handlung, so kann vom Recht gar nicht die Frage seyn, sondern nur von der Schicklichkeit. Denn dieser allein ist die Willkühr unterworfen, welche alles bestimmen soll was in den reinen Gesetzen nicht bestimmt werden kann, wie das Jetzt, und das Hier, und alles bestimmen darf, was nicht die Willkühr andrer, und dadurch sie selbst vernichtet. Es ist nie Unrecht, freywillig zu sterben, aber oft unanständig, länger zu leben.

Wenn das Wesen des Cynismus darin besteht, der Natur vor der Kunst, der Tugend vor der Schönheit und Wissenschaft den Vorzug zu geben; unbekümmert um den Buchstaben, auf den der Stoiker streng hält, nur auf den Geist zu sehen, allen ökonomischen Werth und politischen Glanz unbedingt zu verachten, und die Rechte der selbständigen Willkühr tapfer zu behaupten: so dürfte der Christianismus wohl nichts anders seyn, als universeller Cynismus.

Die dramatische Form kann man wählen aus Hang zur systematischen Vollständigkeit, oder um Menschen nicht blos darzustellen, sondern nachzuahmen und nachzumachen, oder aus Bequemlichkeit, oder aus Gefälligkeit für die Musik, oder auch aus reiner Freude am Sprechen, und Sprechen lassen.

Es giebt verdiente Schriftsteller, die mit jugendlichem Eifer die Bildung ihres Volkes betrieben haben, sie aber da fixiren wollen, wo die Kraft sie selbst verließ. Dieß ist umsonst: wer einmal thöricht, oder edel, sich bestrebt hat, in den Gang des menschlichen Geistes mit einzugreifen, muß mit fort, oder er ist nicht besser dran als ein Hund im Bratenwender, der die Pfoten nicht vorwärts setzen will.

Das sicherste Mittel unverständlich oder vielmehr misverständlich zu seyn, ist, wenn man die Worte in ihrem ursprünglichen Sinne braucht; besonders Worte aus den alten Sprachen.

Duclos bemerkt, es gebe wenig ausgezeichnete Werke, die nicht von Schriftstellern von Profession herrühren. In Frankreich wird dieser Stand seit langer Zeit mit Achtung anerkannt. Bey uns galt man ehedem weniger als nichts wenn man bloß Schriftsteller war. Noch jezt regt sich dieß Vorurtheil hier und da, aber die Gewalt verehrter Beyspiele muß es immer mehr lähmen. Die Schriftstellerey ist, je nachdem man sie treibt, eine Infamie, eine Ausschweifung, eine Tagelöhnerey, ein Handwerk, eine Kunst, eine Wissenschaft und eine Tugend.

Die Kantische Philosophie gleicht dem untergeschobnem Briefe, den Maria in Shakspeare's Was ihr wollt, dem Malvolio in den Weg legt. Nur mit dem Unterschiede, daß es in Deutschland zahllose philosophische Malvolios giebt, die nun die Kniegürtel kreuzweise binden, gelbe Strümpfe tragen, und immer fort fantastisch lächeln.

Ein Projekt ist der subjektive Keim eines werdenden Objekts. Ein vollkommnes Projekt müßte zugleich ganz subjektiv, und ganz objektiv, ein untheilbares und lebendiges Individuum seyn. Seinem Ursprunge nach, ganz subjektiv, original, nur grade in diesem Geiste möglich; seinem Charakter nach ganz objektiv, physisch und moralisch nothwendig. Der Sinn für Projekte, die man Fragmente aus der Zukunft nennen könnte, ist von dem Sinn für Fragmente aus der Vergangenheit nur durch die Richtung verschieden, die bei ihm progressiv, bei jenem aber regressiv ist. Das Wesentliche ist die Fähigkeit, Gegenstände unmittelbar zugleich zu idealisiren, und zu realisiren, zu ergänzen, und theilweise in sich auszuführen. Da nun transcendental eben das ist, was auf die Verbindung oder Trennung des Idealen und des Realen Bezug hat; so könnte man wohl sagen, der Sinn für Fragmente und Projekte sey der transcendentale Bestandtheil des historischen Geistes.

Es wird manches gedruckt, was besser nur gesagt würde, und zuweilen etwas gesagt was schicklicher gedruckt wäre. Wenn die Gedanken die besten sind, die sich zugleich sagen und schreiben lassen, so ists wohl der Mühe werth, zuweilen nachzusehen, was sich von dem Gesprochnen schreiben, und was sich von dem Geschriebnen drucken läßt. Anmaßend ist es freylich, noch bey Lebzeiten Gedanken zu haben, ja bekannt zu machen. Ganze Werke zu schreiben ist ungleich bescheidner, weil sie ja wohl bloß aus andern Werken zusammengesetzt seyn können, und weil dem Gedanken da auf den schlimmsten Fall die Zuflucht bleibt, der Sache den Vorrang zu lassen, und sich demüthig in den Winkel zu stellen. Aber Gedanken, einzelne Gedanken sind gezwungen, einen Werth für sich haben zu wollen, und müßen Anspruch darauf machen, eigen und gedacht zu seyn. Das einzige, was eine Art von Trost dagegen giebt, ist, daß nichts anmaßender seyn kann, als überhaupt zu existiren, oder gar auf eine bestimmte selbständige Art zu existiren. Aus dieser ursprünglichen Grundanmaßung folgen nun doch einmal alle abgeleiteten, man stelle sich wie man auch will.

Viele Werke der Alten sind Fragmente geworden. Viele Werke der Neuern sind es gleich bey der Entstehung.

Nicht selten ist das Auslegen ein Einlegen des Erwünschten, oder des Zweckmäßigen, und viele Ableitungen sind eigentlich Ausleitungen. Ein Beweis, daß Gelehrsamkeit und Spekulazion der Unschuld des Geistes nicht so schädlich sind, als man uns glauben machen will. Denn ist es nicht recht kindlich, froh über das Wunder zu erstaunen, das man selbst veranstaltet hat?

Die Deutschheit ist wohl darum ein Lieblingsgegenstand der Charakteriseurs, weil eine Nazion je weniger sie fertig, um so mehr ein Gegenstand der Kritik ist, und nicht der Historie.

Die meisten Menschen sind, wie Leibnitzens mögliche Welten, nur gleichberechtigte Prätendenten der Existenz. Es giebt wenig Existenten.

Folgendes scheinen nächst der vollendeten Darstellung des kritischen Idealismus, die immer das Erste bleibt, die wichtigsten Desiderata der Philosophie zu seyn: eine materiale

Logik, eine poetische Poetik, eine positive Politik, eine systematische Ethik, und eine praktische Historie.

Witzige Einfälle sind die Sprüchwörter der gebildeten Menschen.

Ein blühendes Mädchen ist das reizendste Symbol vom reinen guten Willen.

Prüderie ist Prätension auf Unschuld, ohne Unschuld. Die Frauen müssen wohl prüde bleiben, so lange Männer sentimental, dumm und schlecht genug sind, ewige Unschuld und Mangel an Bildung von ihnen zu fodern. Denn Unschuld ist das Einzige, was Bildungslosigkeit adeln kann.

Man soll Witz haben, aber nicht haben wollen; sonst entsteht Witzeley, Alexandrinischer Styl in Witz.

Es ist weit schwerer, andre zu veranlassen, daß sie gut reden, als selbst gut zu reden.

Fast alle Ehen sind nur Konkubinate, Ehen an der linken Hand, oder vielmehr provisorische Versuche, und entfernte Annäherungen zu einer wirklichen Ehe, deren eigentliches Wesen, nicht nach den Paradoxen dieses oder jenes Systems, sondern nach allen geistlichen und weltlichen Rechten darin besteht, daß mehre Personen nur Eine werden sollen. Ein artiger Gedanke, dessen Realisirung jedoch viele und große Schwierigkeiten zu haben scheint. Schon darum sollte die Willkühr, die wohl ein Wort mitreden darf, wenn es darauf ankommt, ob einer ein Individuum für sich, oder nur der integrante Theil einer gemeinschaftlichen Personalität seyn will, hier so wenig als möglich beschränkt werden; und es läßt sich nicht absehen, was man gegen eine Ehe *à quatre* gründliches einwenden könnte. Wenn aber der Staat gar die misglückten Eheversuche mit Gewalt zusammenhalten will, so hindert er dadurch die Möglichkeit der Ehe selbst, die durch neue, vielleicht glücklichere Versuche befördert werden könnte.

Der Cyniker dürfte eigentlich gar keine Sachen haben: denn alle Sachen die ein Mensch hat, haben ihn doch in gewissen Sinne wieder. Es kömmt also nur darauf an, die Sachen so zu haben, als ob man sie nicht hätte. Noch künstlicher und noch cynischer ists aber, die Sachen so nicht zu haben, als ob man sie hätte.

Niemand beurtheilt eine Dekorazionsmahlerey und ein Altarblatt, eine Operette und eine Kirchenmusik, eine Predigt und eine philosophische Abhandlung nach demselben Maßstabe. Warum macht man also an die rhetorische Poesie, welche nur auf der Bühne existirt, Foderungen, die nur durch höhere dramatische Kunst erfüllt werden können?

Manche witzige Einfälle sind wie das überraschende Wiedersehen zwey befreundeter Gedanken nach einer langen Trennung.

Die Geduld, sagte S., verhält sich zu Chamforts *état d'epigramme* wie die Religion zur Philosophie.

Die meisten Gedanken sind nur Profile von Gedanken. Diese muß man umkehren, und mit ihren Antipoden synthesiren. Viele philosophische Schriften, die es sonst nicht haben würden, erhalten dadurch ein großes Interesse.

Noten zu einem Gedicht, sind wie anatomische Vorlesungen über einen Braten.

Die welche Profession davon gemacht haben, den Kant zu erklären, waren entweder solche, denen es an einem Organ fehlte, um sich von den Gegenständen über die Kant geschrieben hat, einige Notiz zu verschaffen; oder solche, die nur das kleine Unglück hatten, niemand zu verstehen als sich selbst; oder solche, die sich noch verworrener ausdrückten als er.

Gute Dramen müssen drastisch seyn.

Die Philosophie geht noch zu sehr grade aus, ist noch nicht cyklisch genug.

Jede philosophische Rezension, sollte zugleich Philosophie der Rezensionen seyn.

Neu, oder nicht neu, ist das, wornach auf dem höchsten und niedrigsten Standpunkte, dem Standpunkte der Geschichte, und dem der Neugierde, bey einem Werk gefragt wird.

Ein Regiment Soldaten *en parade* ist nach der Denkart mancher Philosophen ein System.

Kritisch heißt die Philosophie der Kantianer wohl *per antiphrasin;* oder es ist ein *epitheton ornans.*

Mit den größten Philosophen geht mirs, wie dem Plato mit den Spartanern. Er liebte und achtete sie unendlich, aber er klagt immer, daß sie überall auf halbem Wege stehn geblieben wären.

Die Frauen werden in der Poesie eben so ungerecht behandelt, wie im Leben. Die weiblichen sind nicht idealisch, und die idealischen sind nicht weiblich.

Wahre Liebe sollte ihrem Ursprunge nach, zugleich ganz willkührlich und ganz zufällig seyn, und zugleich nothwendig und frey scheinen; ihrem Charakter nach aber zugleich Bestimmung und Tugend seyn, ein Geheimniß, und ein Wunder scheinen.

Naiv ist, was bis zur Ironie, oder bis zum steten Wechsel von Selbstschöpfung und Selbstvernichtung natürlich, individuell oder klassisch ist, oder scheint. Ist es bloß Instinkt, so ists kindlich, kindisch, oder albern; ists bloß Absicht, so entsteht Affektazion. Das schöne, poetische, idealische Naive muß zugleich Absicht, und Instinkt seyn. Das Wesen der Absicht in diesem Sinne ist die Freyheit. Bewußtseyn ist noch bey weitem nicht Absicht. Es giebt ein gewisses verliebtes Anschauen eigner Natürlichkeit oder Albernheit, das selbst unsäglich albern ist. Absicht erfordert nicht gerade einen tiefen Calcul oder Plan. Auch das Homerische Naive ist nicht bloß Instinkt: es ist wenigstens so viel Absicht darin, wie in der Anmuth lieblicher Kinder, oder unschuldiger Mädchen. Wenn Er auch keine Absichten hatte, so hat doch seine Poesie und die eigentliche Verfasserin derselben, die Natur, Absicht.

Es giebt eine eigne Gattung Menschen, bey denen die Begeistrung der Langenweile, die erste Regung der Philosophie ist.

Es ist gleich tödtlich für den Geist, ein System zu haben, und keins zu haben. Er wird sich also wohl entschließen müßen, beydes zu verbinden.

Man kann nur Philosoph werden, nicht es seyn. So bald man es zu seyn glaubt, hört man auf es zu werden.

Es giebt Klassifikazionen, die als Klassifikazionen schlecht genug sind, aber ganze Nazionen und Zeitalter beherrschen, und oft äußerst charakteristisch und wie Centralmonaden eines solchen historischen Individuums sind. So die griechische Eintheilung aller Dinge in göttliche und menschliche, die sogar eine Homerische Antiquität ist. So die Römische Eintheilung in Zu Haus, und Im Kriege. Bey den Neuern redet man immer von dieser und jener Welt, als ob es mehr als eine Welt gäbe. Aber freylich ist bey ihnen auch das meiste so isolirt und getrennt wie ihre Diese und Jene Welt.

Da die Philosophie jetzt alles was ihr vorkömmt kritisirt, so wäre eine Kritik der Philosophie nichts als eine gerechte Repressalie.

Mit dem Schriftstellerruhm ist es oft wie mit Frauengunst, und Gelderwerb. Ist nur erst ein guter Grund gelegt, so folgt das übrige von selbst. Viele heißen durch Zufall groß. «Es ist alles Glück nur Glück»; ist das Resultat mancher litterarischen Phänomene nicht minder als der meisten politischen.

An das Herkommen glaubend, und immer um neue Tollheiten bemüht; nachahmungssüchtig und stolz auf Selbständigkeit, unbeholfen in der Oberflächlichkeit, und bis zur Gewandtheit geschickt im tief- oder trübsinnig Schwerfälligen; von Natur platt, aber dem Streben nach transcendent in Empfindungen und Ansichten; in ernsthafter Behaglichkeit gegen Witz und Muthwillen durch einen heiligen Abscheu verschanzt; auf die große Masse welcher Litteratur möchten diese Züge etwa passen?

Die schlechten Schriftsteller klagen viel über Tyranney der Rezensenten; ich glaube diese hätten eher die Klage zu führen. Sie sollen schön, geistvoll, vortrefflich finden, was nichts von dem allen ist; und es stößt sich nur an dem kleinen Umstande der Macht, so gingen die Rezensirten eben so mit ihnen um wie Dionysius mit den Tadlern seiner

Verse. Ein Kotzebue hat dieß ja laut bekannt. Auch ließen sich die neuen Produkte von kleinen Dionysen dieser Art hinreichend mit den Worten anzeigen: Führt mich wieder in die Latomien.

Die Unterthanen in einigen Ländern rühmen sich einer Menge Freyheiten, die ihnen alle durch die Freyheit entbehrlich werden würden. So legt man wohl nur deswegen einen so großen Nachdruck auf die Schönheiten mancher Gedichte, weil sie keine Schönheit haben. Sie sind im einzelnen kunstvoll, aber im Ganzen keine Kunstwerke.

Die wenigen Schriften welche gegen die Kantische Philosophie existiren, sind die wichtigsten Dokumente zur Krankheitsgeschichte des gesunden Menschenverstandes. Diese Epidemie, welche in England entstanden ist, drohte einmal sogar die Deutsche Philosophie anstecken zu wollen.

Das Drucken lassen verhält sich zum Denken, wie eine Wochenstube zum ersten Kuß.

Jeder ungebildete Mensch ist die Karikatur von sich selbst.

Moderantismus ist Geist der kastrirten Illiberalität.

Viele Lobredner beweisen die Größe ihres Abgottes antithetisch, durch die Darlegung ihrer eignen Kleinheit.

Wenn der Autor dem Kritiker gar nichts mehr zu antworten weiß, so sagt er ihm gern: Du kannst es doch nicht besser machen. Das ist eben, als wenn ein dogmatischer Philosoph dem Skeptiker vorwerfen wollte, daß er kein System erfinden könne.

[...]

Georg Christoph Lichtenberg

Vermischte Schriften

[1800]

Bemerkungen vermischten Inhalts

1. Philosophische Bemerkungen

Es ist ein Vorurtheil unsers Jahrhunderts in Deutschland, daß das Schreiben so zum Maßstabe des Verdienstes gediehen ist. Eine gesunde Philosophie wird vielleicht dieses Vorurtheil nach und nach vertreiben.

Seitdem jedermann kritische Chartequen liest, sind die Produkte des Witzes der Leute gewissermaßen der Maßstab geworden, nach welchem man ihren Werth als Mensch überhaupt bestimmt.

Vernunft und Erfahrung können zwar bey einem Schriftsteller einigermaßen die Haushaltung für die Empfindung führen, wenn er beide in einem sehr großen Maße besitzt, nie wird er aber sein Werk durch Züge erheben können, bey deren Erblickung der feinste Nachahmer bekennen muß, sie lägen außer seinem Sprengel. Es scheint, als wenn sich der Himmel die Mittheilung besonderer Gedanken und Entdeckungen selbst vorbehalten hätte, da sie so selten die Frucht des Fleißes sind.

Es ist allerdings keine geringe Schwierigkeit, Philosophie *zweckmäßig* zu lehren. Das Kind, der Knabe, der Jüngling und der Mann hat seine eigene. Wie glücklich, wenn ein

Alter dem andern, ein Jahr dem andern in die Hand arbeitet! Wenn das eine Räder, ein anderes Federn, noch ein anderes Zifferblätter verfertigte, so brächte wohl noch einmal ein viertes eine Uhr zu Stande. Wenn jeder Mensch seinen besondern Planeten bewohnte, was wäre wohl da Philosophie? Was sie jetzt auch ist; ein Inbegrif der Meinungen eines Menschen ist seine Philosophie. Wer wäre wohl des Menschen Schuhmacher? und wer sein Baumeister? Versetzt man ihn in eine Gesellschaft, so ließe er sich wohl die Schuhe von einem andern machen, aber seine Meinungen? das ist eine üble Sache; ich kann den Hals brechen, wenn ich sie mir selbst zusammenstümpere, oder ein Paar gut gemachte erhandle, die mir nicht passen. – Die Frage: *soll man selbst philosophieren?* muß, dünkt mich, so beantwortet werden, als eine ähnliche: soll man sich selbst rasiren? Wenn mich jemand darüber fragte, so würde ich antworten: wenn man es recht kann, ist es eine vortreffliche Sache. Ich denke immer, daß man das letztere selbst zu lernen suche, aber ja nicht die ersten Versuche an der Kehle mache. – Handle wie die Weisesten vor dir gehandelt haben, und mache den Anfang deiner philosophischen Uebungen nicht an solchen Stellen, wo dich ein Irrthum dem Scharfrichter in die Hände liefern kann. – Was für Gegenstände eröffnet nicht hier die Mathematik zur Uebung! Wer kann uns in andern Theilen der Weltweisheit unser Exercitium corrigiren? Wenn der Schüler, ich will nicht sagen Stolz, sondern nur etwas Geschichte der Philosophie besitzt, so wird es ihm in unseren Tagen schwer werden, den Mann zu finden. – – Wenn hingegen das Perpetuum Mobile, das auf dem Papier Wunder that, in Holz oder Messing stille steht, und sich durch den Schall der lautesten Demonstration nicht will wecken lassen, so verschwinden die schönen Hofnungen allmählig, die im Geiste ausgestellten Wechsel verlieren ihre Gültigkeit, und die Sache wird nach einigem Kampf für beschlossen angenommen. Schade, daß der Philosoph von seinen Republiken, und der Reformator von seinen Reformationen keine Modelle machen kann, denn es gehört schon eine große Stärke im philosophischen Calcul dazu, vorher zu sagen, daß sie nicht gehen werden. Hingegen braucht es nur Zudringlichkeit mit Enthusiasmus verbunden, um den unwürdigen Theil des Publikums, durch Actien auf Reichthümer der Südsee, um seinen väterlichen Acker zu bringen. – Helvetius und Law wünschte ich wohl verglichen zu sehen.

Die Prüfung der Begebenheiten ist ein reiches Feld für einen denkenden Geist; aber sind die Untersuchungen auch immer wichtig genug? Verdient es auch das bischen Gold, das die Stufe enthält, daß man die mühsame Scheidung vornehme? – Gehe zur Mathematik, dort hast du nicht zu befürchten, daß durch einen Irrthum ein gefährlicher Indifferentismus dir deine Entschließungen lähme.

Wir Protestanten glauben jetzt in sehr aufgeklärten Zeiten in Absicht auf unsre Religion zu leben. Wie, wenn nun ein neuer Luther aufstände? Vielleicht heißen unsre Zeiten noch einmal die finstern. Man wird eher den Wind drehen oder aufhalten, als die Gesinnungen des Menschen heften können.

[...]

2. Psychologische Bemerkungen

Vergangner Schmerz ist in der Erinnerung angenehm, vergangenes Vergnügen auch, künftiges Vergnügen wieder, auch gegenwärtiges. Also ists nur der zukünftige und gegenwärtige Schmerz, was uns quälet – ein merkliches Uebergewicht von Seiten des Vergnügens in der Welt, das noch dadurch vermehrt wird, daß wir uns beständig Vergnügen zu verschaffen suchen, dessen Genuß wir in vielen Fällen mit ziemlicher Gewißheit voraussehen können, da hingegen der noch künftige Schmerz weit seltner vorausgesagt werden kann.

Der witzige Kopf und mittelmäßige Denker wird bey gewissen Begebenheiten immer auf gekünstelte Erklärungen verfallen, auf die Niemand gerathen kann, als er, weil er ohne Plan und ohne Absicht denkt; hingegen wird der verständige Mann immer nahe und simple Ursachen angeben. Dieses ist nicht zu vergessen, wenn ein solches Paar (im Roman) aufgeführt werden soll. Dem erstern sind weithergeholte und seiner Meinung nach subtile Erklärungen eben so natürlich, als seine witzigen Gedanken und epigrammatischen Perioden.

«Es gibt hundert Witzige gegen einen, der Verstand hat» – ist ein wahrer Satz, womit sich mancher witzlose Dummkopf beruhigt, der bedenken sollte – wenn das nicht zu viel von einem Dummkopf gefordert heißt – daß es wieder hundert Leute, die weder Witz noch Verstand haben, gegen einen gebe, der Witz hat.

Was geht es dich an, was der Grund jener guten That bey diesem Manne gewesen seyn mag? War auch nicht Neid die Quelle derselben, so kann es doch das Vergnügen beneidet zu werden gewesen seyn – also, nicht der eigene Neid, sondern der Neid anderer.

Glaubt ihr etwa, eure Ueberzeugung habe ihre Stärke den Argumenten zu danken? Ihr irrt sicherlich, sonst müßte jeder, der sie hört, überzeugt werden, so gut als ihr. Voltaire ist verblendet, sagen die Theologen; und er sagt: ihr seyd verblendet. Da sie aber nicht gerichtlich darthun können, daß sie mehr Vernunft haben, als er, und er mehr Weltkenntniß und Philosophie besitzt, als sie, so ist noch ein Uebergewicht auf seiner Seite. Man kann so gut für als wider einen Satz verblendet seyn. Gründe sind meistentheils nur Ausführungen von Ansprüchen, wodurch man etwas, das man in jedem Fall doch gethan haben würde, zu vertheidigen und ihm einen Anstrich von Rechtmäßigkeit und Vernunftmäßigkeit zu geben sucht. Es scheint, die Natur habe eine so nöthige Sache, als ihr die Ueberzeugung beym Menschen war, nicht gern auf Vernunftschlüsse allein ankommen lassen wollen, indem diese leicht betrüglich seyn können. Der Trieb kommt uns, dem Himmel sey es gedankt! oft schon über den Hals, wenn wir mit dem Beweis der Nützlichkeit und Nöthigkeit noch nicht zur Hälfte fertig sind.

Wenn jemand etwas sehr gerne thut, so hat er fast immer etwas in der Sache, was die Sache nicht selbst ist. Dieses ist eine Bemerkung, die eine tiefsinnigere Untersuchung durch den nützlichsten Erfolg belohnen würde.

Wer sich nicht auf Mienen versteht, ist immer grausamer oder gröber, als andere Leute; deßwegen kann man auch gegen kleine Thiere eher grausam seyn.

Ich sagte bey mir selbst: *das kann ich unmöglich glauben,* und während dem sagen merkte ich, daß ichs schon zum zweytenmal geglaubt hatte.

Plato sagt, das poetische Genie werde durch die Harmonie und die Versart rege gemacht, und dieses setze den Dichter in den Stand ohne Ueberlegung seine Gedichte zu verfertigen. *Plato, thou reason'st well* – ein jeder wird dieses bey sich verspürt haben, wenn er mit Feuer Verse gemacht hat. Vielleicht könnten wir durch ähnliche Kunstgriffe unsere übrigen Fähigkeiten eben so in Bewegung setzen, hauptsächlich auch die Ausübung der Tugend dadurch befördern. Eine große Fertigkeit im Dividiren, und zwar nach der Methode, die man *über sich dividiren* nennt, die ich bey jemand bemerkte, brachte mir zuerst Lust zur Rechenkunst bey; ich dividirte mehr der eyförmigen Gestalt der Rechnung wegen, als aus einer andern Absicht. Ich habe ein paar junge Mathematiker gekannt (die in der Folge ihre Nahmen berühmt gemacht haben), die ein Vergnügen darin fanden, die Worte *Calcul* und *Vues* in dem *Calcul* auszusprechen, daß ich nicht zweifle, daß kleine Nebenergötzlichkeiten, die sie in dergleichen Vorstellungen fanden, Ihren Fleiß munter erhalten haben.

Wir finden nur alsdann Vergnügen, wo wir Absicht bemerken; wenigstens ist das der Fall bey den Gegenständen des Auges und des Ohres: der Flügel eines Schmetterlings gefiel uns anfangs wegen der regelmäßigen Farben; bald wurden wir dieß gewohnt, und nun gefällt er uns wieder, wenn wir sehen, daß er aus Federn besteht. So gefällt uns der Quarz mehr als der unförmliche Sandstein. Wir müssen daher das Regelmäßige und Zweckmäßige in den Dingen aufsuchen, um uns Vergnügen zu erwecken.

[...]

3. Moralische Bemerkungen

Lady Gill, die Aebtissin des englischen Klosters in Lissabon, reiste in ihrem 23sten Jahre nach Irland, nahm eine Erbschaft in Besitz und kehrte so wieder zurück in ihr Kloster. Baretti* glaubt eine solche Tugend in einer weiblichen Brust verdiene der Vergessenheit entrissen zu werden. Ich

* *Joseph Baretti,* sonst als Dichter bekannt, hat auch *Travels through England, Portugal, Spain and France* (Lond. 1771. deutsch übers. Leipzig 1772. 8.) geschrieben, worin wahrscheinlich die obige Anekdote enthalten ist.

glaube, solche Thaten sollten so heiß gebrandmarkt werden, als nur immer Witz, von Verachtung, Spott und Abscheu geleitet, brennen kann.

Ein Drey-Groschen-Stück ist immer besser als eine Thräne.

Ihr, die ihr so empfindsam von der Seele eurer Mädchen sprechen könnt, ich gönne euch diese Freude. Glaubt aber ja nicht, daß ihr so was erhabenes thut oder sagt; oder dünkt euch nicht edler als der Pöbel, der gewiß so gar Unrecht nicht hat, sich hauptächlich an den Körper zu halten. Was doch ein junger Recensionen-Leser für eine Idee von einem so feinen Sentiment hat! Der Bauersknecht schielt nach dem Unterrock, und sucht den Himmel dort, den du in den Augen suchst. Wer hat Recht? Ich wäge keine Gründe in dieser Frage, und noch viel weniger entscheide ich sie, aber rathen will ich es aus treuem Herzen allen empfindsamen Kandidaten, daß sie sich mit dem Bauern setzen, es könnte sonst auf verdrießliche Weitläufigkeiten hinauslaufen.

Die Sanduhren erinnern nicht bloß an die schnelle Flucht der Zeit, sondern auch zugleich an den Staub, in welchen wir dereinst zerfallen werden.

Bey einem Verbrechen ist das, was die Welt das Verbrechen nennt, selten das, was die Strafe verdient, sondern da liegt es, wo unter der langen Reihe von Handlungen, womit es sich gleichsam als mit Wurzeln in unser Leben hineinerstreckt, diejenige ist, die am meisten von unserm Willen abhieng und die wir am leichtesten nicht hätten thun können.

Man könnte die Gewohnheit eine moralische Friction nennen, etwas, das dem Geist nicht leicht über die Dinge hinstreichen läßt, sondern ihn damit verbindet, so daß es ihm schwer wird, sich davon los zu machen.

Die Furcht vor dem Tode, die den Menschen eingeprägt ist, ist zugleich ein großes Mittel, dessen sich der Himmel bedient, sie von vielen Unthaten abzuhalten; denn vieles wird aus Furcht vor Lebensgefahr oder Krankheit unterlassen.

Weiser werden, heißt, immer mehr und mehr die Fehler kennen lernen, denen dieses Instrument, womit wir empfinden und urtheilen, unterworfen seyn kann. *Vorsichtigkeit im Urtheilen ist,* was heutzutage allen und jeden zu empfehlen ist. Gewönnen wir alle zehn Jahre nur *eine* unstreitige Wahrheit von jedem philosophischen Schriftsteller, so wäre unsere Ernte immer reich genug.

Es gibt eine Art das Leben zu verlängern, die ganz in unserer Macht steht: Früh aufstehen, zweckmäßiger Gebrauch der Zeit, Wählung der besten Mittel zum Endzweck, und wenn sie gewählt sind, muntre Ausführung. Auf diese Art kann man sehr alt werden, sobald man das Leben nicht nach dem Kalender schätzt; aber was das beste ist, so wird auch jenes Leben, da wir mit Kalendern ausmessen, durch das, wovon Verdienst der Maßstab ist, verlängert. Wenn man einmal eine Arbeit vor hat, so ist es gut, bey der Ausführung sich nicht gleich das Ganze vorzustellen, denn dieses hat, bey mir wenigstens, viel niederschlagendes; sondern man arbeite an dem, was man gerade vor sich hat, und wenn man damit fertig ist, gehe man an das nächste. – Eine Sache den Augenblick anfangen, und nicht eine Minute, viel weniger eine Stunde oder einen Tag aufschieben, ist ebenfalls ein Mittel, die Zeit zu strecken.

Man kann die Fehler eines großen Mannes tadeln, aber man muß nur nicht den Mann deßwegen tadeln.

[...]

4. Beobachtungen über den Menschen

Der schmeichlerische Elende, ich möchte fast sagen der Feigherzige, der unter jedem Streich des Schicksals winselt, der sich mit demüthigen Gebehrden naht, Brot fordert, und sich auf Gnade und Ungnade seinem Wohlthäter ergiebt, ist leicht erkannt; der Jagdjunker im Vorbeysprengen versteht Mienensprache genug, ihn zu kennen. Der andere, stille, nur für ein paar Stationen geschaffene Mann, dessen Elend nicht geschwätzig ist, der mehr denkt, und wo er auch immer an der gemeinen Last angespannt wird, besser zieht, ist schwerer zu kennen. Es gehört ein geübtes Auge dazu, seine ungekünstelte Bescheidenheit von heimlichen Stolz und seine Kürze in allem vom Trotz zu unterscheiden.

Die gemeinsten Menschen, ob sie's gleich nicht der Mühe werth achten, niederzuschreiben, was sie sehen, sehen und fühlen doch alles, was des Niederschreibens werth gewesen wäre, und der Unterschied zwischen dem Pöbel und dem Gelehrten besteht oft bloß in einer Art von Apperception oder in der *Kunst zu Buch zu bringen.*

Dieser Mann theilte alles sehr gern mit, was ihn nichts kostete, unter allen aber am meisten Complimente; beleidigte Niemanden, wenigstens wußte man es nicht; hatte allezeit eine liebreiche Miene, und seine Bescheidenheit war so groß, daß sie in der Stimme sogar an das Klägliche grenzte; er passirte bey vielen Leuten für tugendhaft, und bey den meisten für demüthig; kurz, er war von der Art Leute, die man so ziemlich häufig antrifft, und die man in England mit dem Nahmen *sneaking rascals* zu beehren pflegt.

Es gibt eine gewisse Art Menschen, die mit jedermann leicht Freundschaft machen, ihn eben so bald wieder hassen und wieder lieben. Stellt man sich das menschliche Geschlecht als ein Ganzes vor, wo jeder Theil in seine Stelle paßt, so werden dergleichen Menschen zu solchen Ausfülle-Theilen, die man überall hinwerfen kann. Man findet unter dieser Art von Leuten selten große Genies, ohnerachtet sie am leichtesten dafür gehalten werden.

Aus den Träumen der Menschen, wenn sie dieselben genau erzählten, ließe sich vielleicht vieles auf ihren Charakter schließen. Es gehörte aber dazu nicht etwa einer, sondern eine ziemliche Menge von Träumen.

Heftigen Ehrgeiz und Mißtrauen habe ich noch allemal beysammen gesehen.

Leute, die nicht die feine Verstellungskunst völlig inne haben, und andere mit Fleiß hintergehen wollen, entdecken uns gemeiniglich das Generelle ihrer ganzen Denkungsart bey der ersten Zusammenkunft. Wer also der Neigung eines andern schmeicheln, und sich in dieselbe schicken lernen will, der muß bey der ersten Zusammenkunft genau Achtung geben; dort findet man gemeiniglich die bestimmenden Punkte der ganzen Denkungsart vereinigt.

Es gibt Menschen, die sogar in ihren Worten und Ausdrücken etwas eigenes haben, (die meisten haben wenigstens etwas, das ihnen eigen ist,) da doch Redensarten durch eine lange Mode so und nicht anders sind. Solche Menschen sind immer einer Aufmerksamkeit würdig: es gehört viel Selbstgefühl und Unabhängigkeit der Seele dazu, bis man so weit kommt. Mancher fühlt neu, und der Ausdruck, womit er dieses Gefühl andern deutlich machen will, ist alt.

Es ist zum Erstaunen, wie wenig oft dasjenige von uns gethan wird, was wir für nützlich halten und was auch leicht zu thun wäre. Die Begierde, geschwind viel wissen zu wollen, hindert oft die genauen Untersuchungen; allein es ist selbst dem Menschen, der dieses weiß, sehr schwer, etwas genau zu prüfen, wenn er gleich überzeugt ist, er komme, ohne Prüfung, auch nicht zu seinem Endzweck, viel zu lernen.

Wenn man gern wissen will, was andere Leute über eine gewisse Sache denken, die einen selbst angeht, so denke man nur, was man unter gleichen Umständen von ihnen denken würde. Man halte niemanden für moralisch besser in diesem Stück, als man selbst ist, und niemanden für einfältiger. Die Leute merken öfterer, als man glaubt, solche Dinge, die wir vor ihnen mit Kunst versteckt zu haben meinen. – Von dieser Bemerkung ist mehr als die Hälfte wahr, und das ist allemal viel für eine Maxime, die jemand in seinem dreyßigsten Jahre festsetzt, wie ich diese.

Die Aeußerungen der Großmuth sind heutzutage mehr ein Werk der Lectüre, als der Gesinnungen, das heißt, man ist mehr großmüthig, um Lectüre zu zeigen, als Güte des Herzens. Leute, die es von Natur sind, merken selten, daß es etwas ist, großmüthig zu seyn.

[...]

5. Pädagogische Bemerkungen

Es wäre der Mühe werth zu untersuchen, ob es nicht schädlich ist, zu sehr an der Kinderzucht zu poliren. Wir kennen den Menschen noch nicht genug, um dem Zufall, wenn ich so reden darf, diese Verrichtung ganz abzunehmen. Ich glaube, wenn unsern Pädagogen ihre Absicht gelingt, ich meine, wenn sie es dahin bringen können, daß sich die Kinder ganz unter ihrem Einfluß bilden, so werden wir keinen einzigen recht großen Mann mehr bekommen. Das Brauchbarste in unserm Leben hat uns gemeiniglich niemand gelehrt. Auf öffentlichen Schulen, wo viele Kinder nicht allein zusammen lernen, sondern auch Muthwillen treiben, werden freylich nicht so viel fromme Schlafmützen gezogen, mancher geht ganz verloren, den meisten aber sieht man ihre Ueberlegenheit an. Bewahre Gott, daß der Mensch, dessen Lehrmeisterin die ganze Natur ist, ein Wachsklumpen werden soll, worin ein Professor sein erhabenes Bildniß abdruckt.

Nachdem die Welt schon so lange gestanden hat, scheint es fast unnöthig, am Menschen weiter zu künsteln. Man lasse die Kinder so viel als möglich thun, und *halte sie immer zu ältern, als sie selbst sind;* man schwatze ihnen nicht viel von großen Männern vor, sondern halte sie wo möglich an, andere zu übertreffen. Wer immer angehalten wird, seine Spielkameraden zu übertreffen, der wird im vierzigsten alle seine Collegen übertreffen. Aus der Schule von Eton und Westminster kommen Leute, die alles andre lieber thun, als schwatzen. Wenn ich mir ein Vergnügen machen will, so denke ich mir einen von unsern funfzehnjährigen gelehrten Knaben in die Gesellschaft eines funfzehnjährigen Engländers, der aus der Schule von Eton zurückkommt; den ersten im Haarbeutel, gepudert, demüthig und gespannt, auf den mindesten Druck mit einer Menge Gelehrsamkeit loszubrechen, in seinen Meinungen schlechterdings nichts anders, als der kleine schlecht kopirte Papa oder Präceptor, ein bloßer Wiederschein, bewundert bis ins sechszehnte Jahr, im siebzehnten, achtzehnten, neunzehnten, zwanzigsten mit Erwartung und Stille angesehen, da indessen das auf hohlen Grund aufgeführte Gebäude zu sinken anfängt, im zwey und zwanzigsten, drey und zwanzigsten u.s.w. ein mittelmäßiger Kopf, und so bis ans Ende.

Der Engländer hingegen hat sein reines lockiges Haar um die Ohren und Stirne hängen, die Miene blühend, die Hände zerkratzt und auf jedem Knöchel eine Wunde; Horaz, Homer und Virgil sind ihm immer gegenwärtig, in seinen Meinungen ist er bestimmt und eigen, irrt sich tausend Mal, aber verbessert sich selbst *u.s.w.*

Wenn sich unsere jungen Leute gewöhnten, gegen drey Gedichtchen für das Herz nur eines für den Kopf zu machen, so hätten wir Hofnung, einmal im Alter einen Mann zu sehen, der Kopf und Herz hätte – die seltenste Erscheinung. Die meisten haben nicht mehr Licht im Kopf, als gerade nöthig ist zu sehen, daß sie nichts darin haben.

Es ist die Frage, ob es nicht besser wäre, wenn man Denker ziehen wollte, die Kinder alles bis auf das letzte hinaus untersuchen zu lassen, selbst bis auf die Eigenschaften, die nicht in die Sinne fallen, als sie mit einerley bekannt zu machen.

Man geht heutzutage unter uns in dem Studium der Naturgeschichte zu weit. Die meisten lernen nur, was andere gewußt haben, ohne so weit zu kommen selbst etwas zu sehen. Ich läugne die Wichtigkeit und die Würde eines solchen Studiums gar nicht, allein es ist traurig, wenn man junge Leute über eine Insectenhistorie die Kenntniß ihrer selbst, ihres Körpers und ihrer Seele vernachlässigen sieht, daß sie die Kennzeichen einer Phaläne besser inne haben, als die von dem Syntax des Genitivs, und von einem ostindischen Fisch reden können, ohne zu wissen wo der Magen liegt.

Es ist gar übel, wenn man alles aus Ueberlegung thun soll, und zu nichts früh gewöhnt ist.

Ein kluges Kind, das mit einem närrischen erzogen wird, kann närrisch werden. Der Mensch ist so perfektibel und corruptibel, daß er aus Vernunft ein Narr werden kann.

Ich kann nicht leugnen, daß mir, als ich zum erstenmal sah, daß man in meinem Vaterlande anfange zu wissen, was Wurzelzeichen sind, die hellen Freudenthränen in die Augen gedrungen sind.

Was den Unterschied zwischen den englischen und deutschen Gelehrten hauptsächlich ausmacht, ist nicht sowohl ihre Beschäftigung mit den Alten, als der Umstand, daß sie früh angehalten werden, das, was sie lernen, gründlich zu wissen. Sie sind nicht so leicht befriedigt und dringen mehr auf klare Ideen. Durch das entsetzliche Durcheinanderlesen wird unsere Jugend verdorben, und gewiß durch nichts in der Welt mehr, als durch unsere Dichter, die so sehr von Empfindungen überfließen.

6. Literärische Bemerkungen

Was sind unsere gelehrten Zeitungen und unsere meisten Journale? Sie sind allerdings vom bloßen Meßcatalog unterschieden, aber was sie von diesem unterscheidet, ist gerade das, was da macht, daß sie fast Niemand mehr liest.

Mit Phlegma schreibt sichs keine Satire gegen Phlegma, denn darin besteht eben seine Natur, daß es sich nicht selbst stört. Wir ahmen immer die Satire der Engländer und Franzosen nach und bedenken nicht, daß wir mit ganz andern Fellen zu thun haben.

Unsere Yorike haben sich nun allmählig verloren; der Fluch schien immer mit den Generationen zuzunehmen.

Diejenigen unter den Gelehrten, denen es an Menschenverstand fehlt, lernen gemeiniglich mehr als sie brauchen, und die vernünftigen unter ihnen können nie genug lernen.

In den Bützower Crit. Sammlungen, wo man die Humische Geschichte nicht undeutlich der Häberlinischen nachsetzt, vergißt man offenbar einen Hauptumstand: Wer nämlich Humische Geschichte schätzt, verwirft deßwegen nicht Häberlinische. Die eine läßt sich gar nicht mit der andern vergleichen. Die eigentlichen Geschichtklauber, die, um eine Jahrzahl zu berichtigen, Folianten langsam durchblättern und ganze Frühlinge versitzen, sind überhaupt ein murrendes, alles andere verachtendes Volk, und können sich sehr erbittern, wenn man ihnen irgend ein Werk vorzieht, das mit Leichtigkeit geschrieben zu seyn scheint. «Das steht in dem trockenen Annalisten alles weit genauer» – aber sie bedenken nicht, daß, so wenig als dem Menschen äußerste Genauigkeit möglich ist, sie eben so wenig ihm auch überall nöthig ist. Wer den Ausdruck der Muskeln an dem Farnesischen Herkules bewundert, dem muß der Physiolog nicht verächtlich zurufen: «im Albinus und Cowper steht das alles weit genauer.» *Jedes nach seiner Art,* ist eine Regel, die den Critiker überall leiten soll.

Daß Garve aufgehört hat zu schreiben, ist ein so großer Verlust für unsere Litteratur, als daß Lavater angefangen hat.

Ich kann nicht leugnen, mein Mistrauen gegen den Geschmack unserer Zeit ist bey mir vielleicht zu einer tadelnswürdigen Höhe gestiegen. Täglich zu sehen, wie Leute zum Nahmen Genie kommen, wie die Kelleresel zum Nahmen Tausendfuß, nicht weil sie so viel Füße haben, sondern weil die meisten nicht bis auf 14 zählen wollen, hat gemacht, daß ich keinem mehr ohne Prüfung glaube.

Aus dem jetzigen Zustande der Gelehrsamkeit, da sich Nützlichkeit, Gründlichkeit und Tändeley wie 1, 3 und 5 verhalten, gleich auf einen Verfall der Wissenschaften schließen wollen, heißt die Sache mit gar zu mikroskopischen Augen betrachten. Dieses Zickzack wird im Allgemeinen doch nur ein steter Weg, ob er zur Aufnahme oder zum Verfall führt, läßt sich so geschwind nicht beurtheilen. Funfzig Jahre Kleinmeisterey und Tändeley nehmen sich für das lebende Zeitalter traurig aus, im Ganzen sind es unmerkliche Krümmungen in dem großen Zuge. Wenn man nahe ist, so sieht es aus, als böge er sich zurück. – Wenn ein Volk sich einmal aus der edeln Einfalt in das mehr Schimmernde verloren hat, so geht, wie ich glaube, der Weg nach der Einfalt zurück, durch das höchst Affektirte, das mit dem Ekel endigt.

[...]

7. Sprachbemerkungen

Ich werde das in Ewigkeit nicht vergessen, ist ein falscher Ausdruck.

Es ist ein ganz unvermeidlicher Fehler aller Sprachen, daß sie nur *genera* von Begriffen ausdrücken, und selten das hinlänglich sagen, was sie sagen wollen. Denn wenn wir unsere Wörter mit den Sachen vergleichen, so werden wir finden, daß die letztern in einer ganz andern Reihe fortgehen, als die erstern. Die Eigenschaften, die wir an unserer Seele bemerken, hängen so zusammen, daß sich wohl nicht leicht eine Grenze zwischen zweyen wird angeben lassen. Die Wörter hingegen, womit wir sie bezeichnen, sind nicht so beschaffen, und zwey auf einander folgende und verwandte Eigenschaften werden durch Zeichen ausgedrückt, die uns keine Verwandtschaft zu erkennen geben.

Man sollte die Wörter philosophisch decliniren, das ist ihre Verwandtschaft von der Seite durch Veränderungen angeben können. In der Analysis nennt man einer Linie a unbestimmtes Stück x, das andere nicht y, wie im gemeinen Leben, sondern a – x. Daher hat die mathematische Sprache so große Vorzüge vor der gemeinen.

Sauerampfer ist ein Pleonasmus. Ampfer heißt schon *sauer* und ist das holländische *amper.*

Man kann sicher glauben, daß man in einer Sache eine gute Strecke vorgerückt ist, wenn man Kunstwörter darin gebraucht. Die offensive Critik hat wirklich ihre Kunstwörter im Deutschen: einen *herumnehmen,* einem *den Bart waschen,* einen *versohlen, bürsten, kämmen, striegeln, durch die Hechel ziehen* u.s.w.

Homocentrisch habe ich in dem *moyen de parvenir*[*] gelesen – kein übler Ausdruck. *Anthropocentrisch* wäre besser, obgleich *centrum* auch ein lateinisches Wort ist. Es war aber dem kurzweiligen Verfasser vermuthlich zu lang, ob er gleich ein guter Grieche gewesen sein soll.

Die lebendigen Sprachen sind für die Ausländer, die nicht unter dem Volke gelebt haben, größtentheils todt. Wie schwer ist es, alle die kleinen Beziehungen zu erlernen, die gewisse Ausdrücke und Redensarten in sich fassen! und fast unmöglich ist es, wenn man einmal bey Jahren ist.

Vor-Successor, wie die gemeinen Leute im Osnabrückischen einen *Vorgänger* nennen, ist nicht viel schlechter, als *Nachfolger,* da einem ja niemand *vorfolgen* kann.

[*] Einem berühmten Buche von *Franciskus Beroaldus.*

Im Wort *Gelehrter* steckt nur der Begriff, daß einem vieles gelehrt ist, aber nicht, daß man auch etwas gelernt hat; daher sagen die Franzosen sinnreich, wie alles was von diesem Volke kommt, nicht *les enseignés,* sondern *les savans,* und die Engländer nicht *the taught ones,* sondern *the learned.*

Es ist eine vortreffliche Bemerkung von Hartley, daß durch die Verschiedenheit der Sprachen falsche Urtheile verbessert werden; weil wir in Worten denken. Es verdient sehr überlegt zu werden, in wie fern die Erlernung fremder Sprachen uns die Begriffe in unserer eigenen aufklärt.

Wir bewundern zuweilen die Kräftigkeit der Sprachen unausgebildeter Nationen; die unsrige ist nicht weniger kräftig; unsere gemeinsten Ausdrücke sind oft sehr poetisch; aber das Poetische eines Ausdrucks verliert sich, wenn er uns gemein wird. Der Laut bringt den Begriff hervor, und das Bild, das vorher das Mittel war, verschwindet, und mit ihm zugleich alle Nebenideen, die es in sich schloß.

Was heißt *schwätzen*? Es heißt, mit einer unbeschreiblichen Geschäftigkeit von den gemeinsten Dingen, die entweder schon jedermann weiß, oder niemand wissen will, so weitläufig sprechen, daß niemand darüber zum Worte kommen kann, und jedermann Zeit und Weile lang wird. Die deutsche Sprache ist sehr arm an Wörtern für Handlungen, die sich so zu andern Handlungen des vernünftigen Mannes verhalten, wie Geschwätz zur zweckmäßigen vernünftigen Unterredung. So fehlt es uns an einem solchen Wort für *rechnen.*

[...]

8. Aesthetische Bemerkungen.

Was kann die Absicht des geistlichen Heldengedichts seyn? Erbauung, Belehrung und Vergnügen. Der Unterschied zwischen Erbauung und Belehrung liegt, dünkt mich, darin, daß jene in dem Vergnügen besteht, das ich empfinde, wenn ich mein Thun mit den Vorschriften der Religion, von deren Nutzen ich überzeugt werde, übereinstimmend, oder mich durch diese Ueberzeugung in meinen Entschlüssen gestärkt sehe. *Belehrt* hingegen werde ich, wenn ich Dinge höre, die ich vorher entweder gar nicht, oder falsch gewußt habe. Einige nennen auch jede geistliche Belehrung Erbauung. Wird das Wort Erbauung im ersten Sinne genommen, so kann das geistliche Heldengedicht nützen. Es kann mir die Vorschriften der Religion lebhafter vorstellen und tiefer einprägen; eine erdichtete Folge von ihrer Uebertretung kann mich erinnern, daß in meinem Hause, in meinem Zirkel von Freunden sich so etwas zutragen könne, und kann meinem Entschluß mehr Kraft geben. Eben so kann es mich belehren, und also auch ergötzen; aber keine christliche Götterhistorie muß hineinkommen. Unsere allerheiligste Religion ist ein Gegenstand, den man immer vorzeigen soll, wie er ist; man soll nichts mit ihm unternehmen, wovon der Ausgang zweifelhaft ist, und ein weiser Mann nicht einmal etwas, von dem er gute Folgen erwartet, denn er könnte sich irren. Dieser Theil erbaut nicht, belehrt nicht, und kann auch nicht ergötzen, wohlverstanden, in so fern nicht ergötzen, als es Historie aus unserer Religion ist, als Erdichtung freylich allein betrachtet.

So wie wir eine Messiade und ein verlornes Paradies haben, wo alles Göttliche menschlich zugeht, so könnte ein Bauer ein Henriade schreiben, wo alles wie in seinem Dorfe, nur idealisirt, vorgienge.

Einen Roman zu schreiben ist deßwegen vorzüglich angenehm, weil man zu allen Meinungen, die man gern einmal in die Welt laufen lassen will, allemal einen Mann finden kann, der sie als die seinigen vorträgt.

Ein Thema zu einem poetischen Briefe ist in folgenden Worten der Argenis* S. 293 enthalten: *Reges sumus supplicibus; rursusque rex nobis, in cuius est manu quod petimus.*

Wieland erzählt so viel Gutes vom Agathon und scheint alle seine feinen Beobachtungen des Menschen zu erschöpfen, uns diesen Menschen sonderbar und groß vorzustellen; er spricht aber selbst so wenig, daß uns alles dieses nur Testimonia zu seyn scheinen, und als *solche* wirken. Ich kann es unmöglich glauben, daß ein so schwärmerischer Delphischer Jesuiten-Schüler Athen nur eine Stunde beherrschen kann; ja es wird mir bange, wenn ich höre, daß er sich dazu entschließt. Leute, wie Agathon in Delphi, entschließen sich selten oder niemals Beherrscher zu werden, und taugen auch nicht dazu. Ich bin durch das ganze Stück dem Agathon nicht recht gut gewesen; ich möchte fast sagen, ich mißgönne es dem Delphischen Jesuiten-Schüler, daß sich ein so großer Mann wie Wieland für ihn interessirt, und jede seiner Alltagsempfindungen durch so feine Theorien zu adeln sucht.

Das Gute ist deßwegen so schwer in allen Wissenschaften und Künsten zu erreichen, weil ein gewisser festgesetzter Punkt erreicht werden soll. Etwas nach einer vorgesetzten Regel schlecht zu machen, wäre eben so schwer, wenn es anders alsdann noch den Nahmen des Schlechten verdiente.

* So heißt bekanntlich der berühmte politische Roman von *Johann Barklay,* der zu Ende des sechszehnten und zu Anfange des siebzehnten Jahrhunderts lebte.

Man glaube nicht, daß eine Bemerkung für ein Schauspiel zu fein oder zu tief sey. Was der Kenner in der Natur zu finden im Stande ist, entdeckt er auch hier wieder. Vielleicht wäre es nicht gut, einen gar zu subtilen Satz zum Hauptgegenstand des Stücks zu machen; aber den Hauptsatz zu stützen, ist alles Wahre gut; und ist es sehr tief, so dient es dem Stück noch zu einer Stütze und, wenn ich so reden darf, zu einem Nothpfennig, wenn die witzigen Einfälle und die Situationen längst nicht mehr haften wollen.

Es ist ein Fehler, den der bloß witzige Schriftsteller mit dem ganz schlechten gemein hat, daß er gemeiniglich seinen Gegenstand eigentlich nicht erleuchtet, sondern ihn nur dazu braucht, sich selbst zu zeigen. Man lernt den Schriftsteller kennen und sonst nichts. So schwer es auch zuweilen eingehen sollte, eine witzige Periode wegzulassen, so muß es doch geschehen, wenn sie nicht nothwendig aus der Sache fließt. Diese Kreuzigung gewöhnt allmählig den Witz an die Zügel, die ihm die Vernunft anlegen muß, wenn sie beide mit Ehren auskommen sollen.

Schlechte Schriftsteller sind hauptsächlich diejenigen, die ihre einfältigen Gedanken mit Worten der guten zu sagen trachten; könnten sie, was sie denken, mit angemessenen Worten sagen, so würden sie allezeit zum Besten des Ganzen etwas beytragen und für den Beobachter merkwürdig seyn.

Die Entschuldigungen die man bey sich selbst macht, wenn man etwas unternehmen will, sind ein vortrefflicher Stoff zu Monologen; denn sie werden selten anders gemacht, als wenn man allein ist, und sehr oft laut.

[...]

9. Witzige und satyrische Einfälle und Bemerkungen

Barrere erzählt in seinem Werk über Guiana, daß die Wilden keinen in ihre Gesellschaft aufnehmen, bevor er nicht ein Menge harter Proben ausgestanden und sich tüchtig gezeigt hat, Hunger und Durst zu leiden, sich von großen Ameisen, Wespen, Fliegen und anderm Ungeziefer auf das heftigste stechen, und sich an verschiedenen Stellen Schnitte in den Leib machen zu lassen; kurz, die empfindlichsten Schmerzen mit der größten Standhaftigkeit und Geduld zu ertragen. – Das ist doch mehr, als das Magisterwerden bey uns.

Gespräch

A. Ja die Nonnen haben sich nicht allein durch ein strenges Gelübde der Keuschheit, sondern auch noch durch starke Gitter vor ihren Fenstern verwahrt.
B. O durch das Gelübde wollten wir wohl kommen, wenn wir nur durch die Gitter wären.

Die Regeln der Grammatik sind bloße Menschensatzungen; daher auch der Teufel selbst, wenn er aus besessenen Leuten geredet, schlecht Latein geredet, wie man das in der Geschichte des *Urban Grandier* in *Pitavals* merkwürdigen Rechtshändeln mit mehrerem nachlesen kann.

Das Bekehren der Missethäter vor ihrer Hinrichtung läßt sich mit einer Art von Mästung vergleichen: man macht sie geistlich fett, und schneidet ihnen hernach die Kehle ab, damit sie nicht wieder abfallen.

Du fragst mich, Freund, welches besser ist: von einem bösen Gewissen genagt zu werden, oder ganz ruhig am Galgen zu hängen?

Zu S. habe ich einen *Epikuräer* gekannt, es war ein Kerl von 6 ½ Fuß und von einer ungewöhnlichen Leibesstärke. Er gieng damals in das sechste Jahr, daß er in der Karre gieng, wozu er Zeitlebens verdammt war.

Man hat so viele Anweisungen, den Wein recht zu bauen, und noch keine, ihn recht zu trinken. Er wächst nur gut unter dem Schutz eines sanften Himmels, und ähnliche Seelen müssen diejenigen haben, die ihn am besten trinken. Derjenige, der mehr als eine Bouteille trinkt, ohne entweder französisch, oder von seinem Mädchen zu sprechen, ohne mich seiner Freundschaft zu versichern, ohne zu singen, ohne irgend ein kleines Geheimniß zu verrathen u.s.w. und der, der beym vierten Glas mich hitzig fragt, ob ich ihn nicht für einen braven Kerl halte, alle kleinen Scherze krittlich abwägt, kurz der Unglückliche, der beym Wein immer Schläge haben will, und sehr oft auch bekommt, thäten beide weiser, wenn sie Wasser tränken.

Es wäre vielleicht gut, wenn Redner sich *einen* hohen Absatz am Schuh machen ließen, um im Fall der Noth sich auf einmal viel größer zu machen. Diese Figur müßte, zur rechten Zeit gebraucht, von unglaublicher Wirkung seyn.

Kein Wunder, daß sich Stutzer so gern im Spiegel sehen: sie sehen sich ganz. Wenn der Philosoph einen Spiegel hätte, in welchem er sich so wie jene ganz sehen könnte, er würde nie davon weg kommen.

Der liebe Gott muß uns doch recht lieb haben, daß er immer in so schlechtem Wetter zu uns kommt.

[...]

10. Witzige und komische Ausdrücke und Vergleichungen

Dieser Satz gehört mit unter die *officinellen.*

Er kann sich den ganzen Tag in einer warmen Vorstellung sonnen.

Sie sind so sehr unterschieden, als schwarz von weiß; also so sehr als ein Peruquenmacher von einem Schornsteinfeger.

Er speyt Geheimnisse und Wein.

Herr P. . . hat diese Messe ein Werk vom Stapel laufen lassen.

Er mäanderte wohl dreymal um die Stelle herum.

Er speiste so herrlich, daß hundert Menschen ihr: *unser tägliches Brot gieb uns heute* davon hätte erfüllt werden können.

Zeit *urbar* machen.

Er war das bey der Sache, was der Schwanz-Meister bey der Ramme ist: er commandirte, führte die dicksten Strick, und arbeitete am wenigsten.

Er spricht mit dem Maule wie der Franzose, mit Handlungen wie der Engländer, mit den Achseln wie der Italiener, oder mit allen dreyen wie der Deutsche.

Man könnte ihn den Zaunkönig der Schriftsteller nennen.

Wenn sein Wagen fuhr, so glaubte man immer es käme eine Feuerspritze, wohlverstanden, eine in der Richtung von der Brandstätte nach dem Spritzenhause.

Zwey auf einem Pferde bey einer Prügeley ein schönes Sinnbild für eine Staatsverfassung.

Von dem *Birkenbaum* gilt oft mehr, als von den Künsten, das Ovidianische *Emollit mores nec sinit esse feros.*

Professor Philosophiae extraordinariae.

Das Doctorwerden ist eine Confirmation des Geistes.

Blitztrunkene Wolken, Spotttrunken.

Es regnete so stark, daß alle Schweine rein, und alle Menschen dreckig wurden.

Die Störche und Kraniche können kaum so rar in England seyn, als die Louisd'or bey ihm. Zuweilen ließ sich ein halber Gulden so wie eine Märzschwalbe sehen, verschwand aber bald wieder.

Sie ist am *furore Wertherino* gestorben.

Er war ein *Zwillingskopf,* das ist, er hatte, ohne eine Mißgeburt zu seyn, die Kopfkräfte von zweyen.

Er ist jetzt in Paris und compilirt Krankheiten und Narrenspossen.

Eine zweyschläfrige Frau.

Ein einschläfriger Kirchstuhl.

Doctor der Thanatologie.

Mit dem Band, das ihre Herzen binden sollte, haben sie ihren Frieden strangulirt.

Die Thetis, die den Bacchus umarmt, wäre ein herrliches Schild für unsere Weinschenken.

Eine Vorrede könnte *Fliegenwedel,* und eine Dedication *Klingelbeutel* betitelt werden.

Das hat ihm sicherlich sein *diabolus familiaris* eingegeben.

Der Satz muß noch mit einem Bruch multiplicirt werden.

Ein Schulmeister schreibt an einen andern: da heißt es recht *Nitimur in foetidum*.

Den Hintern mit dem Birken-Pinsel roth mahlen.

Der Herbst zählt der Erde die Blätter wieder zu, die sie dem Sommer geliehen hat.

Nicht alle, die *Wohlgeboren* sind, sind *Wohlgestorben*, oder im Reiche der Todten *Hochedelgestorbene*.

Wir haben mehr *Titulär-Philosophen*, als wirkliche.

Kommentiertes Quellenverzeichnis

François de la Rochefoucauld (1613–1680) / August Bohse (1661–1742): Gemüths-Spiegel / Unterschiedliche Gedanken

Druckvorlage

Gemüths-Spiegel, durch die köstlichsten moralischen Betrachtungen Lehrsprüche und Maximen die Erkäntniß seiner selbst und anderer Leute zeigend: aus dem Franzö[s]ischen in unsrer teutschen Sprache vorgestellet von Talandern [d. i. August Bohse]. Leipzig: bey Joh. Ludwig Gleditsch. Anno 1699.
[Exemplare: Herzog-August-Bibliothek Wolfenbüttel, Sign.: Lm 2091; Universitätsbibliothek Bonn, Sign.: 51 / 4300]

Erläuterungen

[...*] In der ersten französischsprachigen Ausgabe seiner Maximen aus dem Jahre 1665 setzte La Rochefoucauld eine Art Einleitungstext in essayistischer Form vor den ersten, wirklich konzisen Aphorismus. Dieser Einleitungstext wurde von La Rochefoucauld ab der zweiten Auflage weggelassen. Talander bringt in seiner umfangreichen Übersetzung diesen Einleitungstext als zweiten ‹Aphorismus›. Da diese Abfolge keiner der ursprünglichen Textausgaben entspricht, haben wir diesen Einleitungstext oben ebenfalls weggelassen, zitieren ihn hier aber in der deutschen Übersetzung August Bohses:
«*Die Eigen-Liebe ist die Liebe von sich selbst, und aller Sachen wegen sich selbst. Sie machet die Menschen zu ihren eigenen Abgöttern, und würde aus ihnen Tyrannen anderer Menschen machen, wenn das Glück ihnen dazu die Mittel gegeben hätte. Sie ruhet niemahls ausser sich, und hält sich bey fremden Sachen niemahls anders auff, als die Bienen auff denen Blumen, um daraus dasjenige zu saugen, was ihnen anstehet. Nichts ist so ungestühm als ihr Verlangen; nichts so verborgen, als ihre Absichten; nichts so geschickt, als ihre Aufführungen: Ihre Betrügereyen kan man unmöglich vorstellen, ihre Veränderungen übertreffen alle andere*

Verwandlungen in fremde Gestalten, und ihre saubere Ausputzungen alle diejenigen, so man aus der Chymie *erwartet. Man kann ihre Tieffe nicht ergründen, noch die Finsterniß ihres Abgrundes durchdringen. Es ist da alles auch vor denen scharffsichtigsten Augen bedecket: daselbst gehen tausend unvermerckte Verkehrungen vor: allda ist sie offt vor sich selbst unsichtbar, daselbst empfänget, ernehret, und ziehet sie ohne ihren Vorbewust eine grosse Anzahl von Gunsten und von Hassen auff: ja sie bildet deren etliche so ungeheuer, daß, wenn sie solche an das Tages-Licht gebracht, sie dieselben gantz nicht kennet, oder sich doch nicht entschliessen kan, sie vor die Ihrigen anzunehmen. Aus dieser finstern Nacht, welche sie bedecket, entstehen so viel lächerliche Einbildungen, welche sie von sich selbsten hat. Daher kommen ihre Irrthümer, ihre Unwissenheiten, ihre Grobheiten, ihre närrischen Beginnen über dieses, was sie unter sich hat. Daher geschiehet es, daß sie glaubet, daß ihre Empfindungen todt seynd, da sie doch nur ein wenig eingeschlaffen: daß sie sich einbildet, sie habe keine Luft mehr zu lauffen, so bald sie nur etwas ruhet, und daß sie gedencket, sie habe allen Geschmack verlohren, wann sie sich gesättiget: aber diese ausgebreitete Dunckelheit, welche sie vor ihr selbst verbirget, verhindert doch nicht, daß sie nicht solte vollkömmlich dasjenige sehen, was ausser ihr ist; in welchem Stück sie unsern leiblichen Augen ähnlich ist, welche alles sehen und entdecken, aber um sich selbsten blind seynd. Gewißlich in ihren grösten Vortheilen, und in ihren wichtigsten Geschäfften, wo die Heffigkeit ihres Verlangens alle ihre Auffmercksamkeit herzu ruffet, da siehet sie, da empfindet sie, da verstehet sie, da bildet sie sich ein, da ist sie verdächtig, da dringet ihr Nachsinnen durch, da erräth sie alles, also, daß man fast glauben solte, daß ein jedwedere ihrer* passionen *eine sonderliche Zauberey bey sich habe. Nichts ist so geheim und so starck als ihre Verknüpfungen an dasjenige, was sie sich ausgesehen; und versuchet sie vergeblich sich davon los zu machen, ob sie gleich ein äuserstes Unglück, so ihr drohet, vor sich siehet. Indessen verrichtet sie doch zuweilen in weniger Zeit und ohne eintzige Gewalt dasjenige, welches sie nicht mit allen denen in vielen Jahren hat zu thun vermocht, deren sie fähig ist: weswegen man genugsam wahrscheinlich schliessen könte, daß durch sie selbst ihre Begierden wären mehr, als durch die Schönheit und die*

Verdienste ihres objects *(Gegenstandes) angezündet, daß der Schmack, den sie daran findet, auch der Werth sey, welcher selbiges erhöhet, und die Schmincke, die solches gläntzend machet. Daß sie nach sich selbsten lauffe, und daß sie ihrem eigenen Willen folge, wenn sie Sachen folget, die nach ihrem Willen sind. Sie hat alle widrige Dinge an sich: sie befiehlet gerne, und gehorchet: sie ist auffrichtig und weiß sich zu verstellen: sie ist barmhertzig und grausam und kühne. Sie hat unterschiedene Neigungen, nach dem Unterscheid der* temperamenten *die sie bald nach der Ehre, bald nach dem Reichthume, bald nach denen Ergötzlichkeiten wenden und zu eigen machen. Sie wechselt mit der Verwechselung des Alters, mit Veränderung des Glücks, und unserer Erfahrung. Aber ihr gilt es gleich viel, deren unterschiedliche, oder nur ein eintziges zu haben, dieweil sie sich in viele theilet, und sich auch in eine wiederum einschliesset, wenn es seyn muß, und wann es ihr gefällt. Sie ist unbeständig, und ausser denen Aenderungen, welche von fremden Ursachen herkommen, so giebt es eine unendliche Anzahl, die von ihr selbst gebohren werden, und auff ihren eigenen Grund und Boden wachsen. Sie ist unbeständig von Unbeständigkeit, von Leichtsinnigkeit, von Liebe, von Neuerung, von Ermüdung, und von Eckel: Sie ist eigensinnig, und man siehet sie bisweilen sich auff das äuserste bemühen, und in unglaublicher Arbeit diejenigen Dinge zu erhalten, die ihr doch gar nicht zuträglich sind, ja die ihr gar schädlich, und die sie dennoch begierig verfolget, dieweil sie solche gerne haben will. Sie ist mürrisch und wunderlich, und wendet offt alle ihre Kräffte und Beschäfftigungen auff gantz nichtige Dinge: Sie trifft alle ihre Vergnügung in der abgeschmacktesten Verrichtung an, und in dem verächtlichsten Vornehmen behält sie allen ihren Hochmuth und Einbildung. Sie befindet sich in allen Zeiten und Ständen des menschlichen Lebens. Sie lebet überall, und lebet von allen; sie lebet auch von nichts; sie bequehmet sich nach denen Sachen und nach ihrer Beraubung. Sie schläget sich offt selbst zu der Partie derjenigen, die wider sie streiten: Sie mischet sich unter ihr Vorhaben, und, was das wunderbahreste ist, sie hasset sich selbst mit ihnen; sie drohet ihren Ruin, sie bearbeitet sich darum; kurtz, sie sorget alleine davor, daß sie seyn möge, und wann sie nur da ist, so will sie gerne ihr eigener Feind werden. Man muß sich demnach nicht verwundern, wann sie zuweilen sich mit der gröbsten Sprödigkeit vereinbahret, und wenn sie mit derselben so kühne in Gesellschaft tritt, sich selbst zu zerstöhren, dieweil sie eben zu der Zeit, da sie sich an einem Orte ruiniret, an dem andern sich wieder befestiget. Wenn man gedencket, sie verlasse gantz und gar ihre Luft, so schiebet sie nur dieselbige auff, oder ändert solche, ja selbst, wann sie überwunden ist, und daß man meinet, man sey ihrer los worden, so findet man sie wieder, daß sie über ihre eigene Niederlage triumphiret. Sehet, dieses ist der Abriß von der Eigen-Liebe, davon das gantze Leben nichts anders als eine grosse und lange Bewegung bleibet. Das Meer ist deren merckliches Ebenbild, und die Selbst-Liebe findet in den Ab und Zufluß seiner steten Wellen eine getreue Vorstellung von der unruhigen Folge ihrer Gedancken und von ihren unauffhörlichen Bewegungen.»*

I.6 *dependiret:* ‹hängt ab›
I.8 *humeurs:* ‹Stimmung›, ‹Säfte› (i.S.d. mediz. ‹Humoralpathologie› der Zeit)
I.43 *fauten:* ‹Fehler›

II.2 *dependiren:* s.o. I.6
II.5 *wohl lassenden:* ‹elegant aussehenden›
II.11 *dissimuliren:* ‹durch Verstellung verbergen›

III.3 *honnete:* ‹ehrbare›
III.13 *ästimiren:* ‹hochschätzen›
III.14 *malhonnete:* ‹unehrenhafte›
III.26 *submittiret:* ‹unterwirft›
III.33 *success:* ‹Erfolg›, ‹Wirkung›
III.36 *beschrien:* ‹verschrieen›, ‹übel beleumdet›
III.46 *Opinion:* ‹Meinung, Vermutung›
III.48 *Agenten:* ‹Darsteller›, ‹handelnde Figuren›
III.48 *Providenz:* ‹Vorsehung›
III.49 *Eröffnung natürlicher Dingen:* ‹Einsicht in Naturzusammenhänge›, ‹Naturwissenschaft›
III.51 *ohngefehr:* ‹ungewiss›, ‹philosophisch kontingent›

Nicolaus Hieronymus Gundling (1671–1729): Anmerckungen von Silber, Gold und Geld

Druckvorlage

[Nicolaus Hieronymus Gundling:] Gundlingiana, Darinnen allerhand zur Jurisprudentz, Philosophie, Historie, Critic, Litteratur, und übrigen Gelehrsamkeit gehörige Sachen abgehandelt werden. 1.-45. Stück. Halle im Magdeburgischen 1715–1732, hier: 31. Stück (1723), S. 44–75.
[Exemplar: Bibliothèque cantonale et universitaire Lausanne, Sign.: 1A 816]

Erläuterungen

XXIV *abundanz:* ‹Überfluss›
XXIV *aestimiren:* ‹hochschätzen›
XXIV *Levante:* ‹östlicher Mittelmeer-Raum›
XXIV *schlechten Lebensart:* ‹schlichten›
XXV *accomodiren:* ‹anbequemen›
XXV *ingenieuse:* ‹erfindungsreiche›
XXV, XXVII *estim:* ‹Hochschätzung›
XXVI *obtiniret:* ‹sich behauptet›
XXVII *utilitas:* ‹vorteilhafte Brauchbarkeit›
XXVII *enchainement:* ‹Verkettung›
XXVII *Institutum artificiale:* ‹künstliche Einrichtung›
XXVII *Quod successive...:* ‹Was nach und nach allen zu gefallen scheint, das wird für einen Entscheid und Ratschluss des ganzen Erdenrunds gehalten›
XXIX *Commerce:* ‹Handelsverkehr›
XXX *Subsistenz:* ‹Lebensunterhalt›

Joachim Christoph Nemeitz (1679–1753): Vermischte Anmerckungen

Druckvorlage

J[oachim] C[hristoph] N[emeitz]: Vernünfftige Gedancken U[e]ber allerhand Historische, Critische und Moralische Materien, Nebst verschiedenen dahin gehörigen Anmerckungen. 1.-6 Theil.

Frankfurt a. M.: Andreäische Buchhandlung 1739–45, hier: 6. Theil (1745), S. 270–285.
[Exemplar: Zentralbibliothek Zürich, Sign.: MFA 96 : 392 (Mikrofilm)]

Erläuterungen

Il y a de Gens...: ‹Es gibt Leute, die haben viel Geist, aber keinen gesunden Menschenverstand›

Esprits forts: ‹Menschen mit starkem Intellekt, Freidenker›

Simulationes, Dissimulationes: ‹Vorspiegelungen, Verhüllungen›

Lettres de cachet: ‹versiegelte Briefe, amtliche Schreiben›

Dans certains...: ‹Gewisse Leute werden weise durch die Mittelmäßigkeit ihres Geistes, dumm durch Mangel an dieser Mittelmäßigkeit und verrückt durch deren Übermaß›

Schrifften in Ana: ‹Vermischte Schriften eines Verfassers›, ‹Buntschriftstellerei›; Gattungsvorläufer der literarischen Aphoristik [vgl. z.B. oben die ‹Gundlingiana› oder die in der ersten Anmerkung von Nemeitz zitierten ‹Soberiana›]

Antonii Perez: Antonio Perez, Staatssekretär Philipps II. und Verfasser der gattungsgeschichtlich bedeutsamen, da zwischen der Tradition der ital.-span. Tacitus-Kommentare und der frz. Moralistik vermittelnden politischen ‹aforismos› (1594)

Facetie, Motti argute, Burle: ‹Schwankerzählungen, scharfsinnige Bonmots, Scherzreden›

Sunt bona mixta malis: ‹Gutes ist mit Schlechtem vermischt›

Particularia: ‹Einzelheiten›

Bevüen: ‹schwere Patzer›

un grand fou: ‹ein langer Idiot›

und grand feu: ‹ein großes Feuer›

Madame B[e]autrou: ‹Madame Schönes Loch›

oignon: ‹Zwiebel›

Mr. le Maître Boureau (für *Bureau) rendez moi mes bardes:* ‹Meister Henker (statt: Herr Amtsvorsteher), lassen Sie mich reisen›

poison: ‹Gift›

poisson: ‹Fisch›

Je ne me l[o]ue point...: ‹Ich will mich ja nicht loben, aber ich bin bestimmt beschränkter (*statt:* geschickter) als Sie›

Che bestia...: ‹So eine Schweinerei, wie der Französisch redet – redet doch gefälligst etwas feiner!›
J'ai chaud: ‹Mir ist warm›
Je suis chaud: ‹Ich bin heiß›
vous êtes une grande malheureuse: ‹Sie sind eine große Bösewichtin›
Vous jouez bien malheureusement: ‹Sie haben wenig Glück im Spiel›

per rationes dubitandi decidendi: ‹nach Entscheidungs- und Zweifelsgründen›
in utramque partem: ‹nach beiden Seiten hin›
Le Droit est...: ‹Das Recht ist wie ein Schwert, das man gebrauchen und missbrauchen kann; wie die Lanze des Telephos, die zu verwunden wie zu heilen vermag; wie die berühmte Diana von Ephesos mit ihren zwei Gesichtern, einem traurigen und einem fröhlichen; endlich wie jene Medaillen, die – bei gleichem äußeren Umriss – das Porträt eines Papstes und auf der Kehrseite das eines Teufels tragen; oder auch wie die Gemälde, die Tod und Leben zugleich darstellen, je nachdem von welcher Seite man sie anschaut.›

forciren: ‹gewaltsam drängen›
In Republica litteraria...: ‹In der Gelehrtenrepublik muss, anders als im alltäglichen Leben, jedweder die Freiheit seiner eigenen Meinung haben›
Cardinal Cusani: Nikolaus von Kues (1401–1464)
latinis verbis: ‹in lateinischer Sprache›
Omnis homo currit...: ‹Alle Menschen laufen. Petrus hingegen läuft nicht. Also ist Petrus kein Mensch› (Persiflage auf eine schulmäßige syllogistische Schlusskette in scholastischem Latein, mit italienisch-volkssprachlichen Kommentaren)

non libenter scripsisse...: ‹Prof. Rudbeck aus Uppsala schrieb nicht gern in lateinischer Sprache, lieber in deutscher (*statt:* in germanischer)›

Abraham Gotthelf Kästner (1719–1800):
Prosaische Aufsätze

Druckvorlage

Abraham Gotthelf Kästner: Vermischte Schriften. Zweiter Theil. Altenburg: in der Richterischen Buchhandlung 1772, S. 1–169, hier: S. 136–152.
[Exemplar: Stadt- und Universitätsbibliothek Bern, Sign.: FG 270]

Erläuterungen

XVIII *Hallische Neue Gelehrte Zeitungen:* 1766–1771 von Christian Adolf Klotz herausgegeben.

XVIII *pictor celeberrimus:* ‹äußerst berühmter Maler›

XVIII *pictor celerrimus:* ‹äußerst schneller Maler›

XX *Esthier und Fennen:* ‹Esten und Finnen›

XXIV *Jüngling ... Jeune homme prens, et lis!:* Die versteckte Pointe für ‹deutsche Gelehrte› liegt im verschwiegenen Bezug beider Zitate wie des folgenden auf das berühmte *Tolle, lege; tolle, lege* – das Bekehrungserlebnis in den «Confessiones» des Augustinus (8.12,29).

XXIV *Veni puer disce sapere:* ‹Komm, Knabe, lerne zu wissen.›

XXIV *Orbispictus:* ‹Gemaltes Erdenrund›, ‹Die Welt im Bild›; lat. Bilderfibel von Comenius (1658)

XXIV *Realen:* span. Silbermünzen

XXIV *Pistolen:* span. Goldmünzen

XXIV *in Leßings Schatze:* Gotthold Ephraim Lessing: Der Schatz. Ein Lustspiel in einem Aufzug. Wien 1764.

XXVII *eine Chilias gegen eine Monas wetten:* ‹tausend zu eins›

XXVIII *Pole immobile aux yeux...:* ‹Oh Du Pol, der unseren Augen unbeweglich erscheint, weil Dein Umlauf so langsam erfolgt / Meide die vereisten Triumpfwagen der sieben Gestirne des Großen Bären / Umarme innerhalb der Bahn Deiner langdauernden Bewegungen / Zweihundert volle Jahrhunderte und noch sechstausend Jahre darüber hinaus›

XXVIII *Platonische Jahre:* jeweils 25765 Kalenderjahre = die hier angesprochene Umlaufzeit des Himmels-Pols um den ekliptischen Pol

XXVIII *Lustra:* Zeiträume von je 5 Jahren

XXVIII *Olympiaden:* Zeiträume von je 4 Jahren

XXVIII *Populi quos despicit arctos:* ‹Völker, auf die der Große Bär hoch herab sieht›

XXVIII *Tagus:* antike Bezeichnung des Flusses Tajo, längster Fluss der Iberischen Halbinsel

XXIX *Hugen:* wohl Christian Huygens, nld. Mathematiker und Physiker (1629–95)

XXIX *Euler:* Leonhard Euler, schweiz. Mathematiker (1707–83)

XXIX *Regel de Tri:* Dreisatz-Rechnung

XXXI *Schlegels Fremden:* Johann Elias Schlegel: Der Fremde. Eine Wochenschrift. Kopenhagen 1745/46.

XXXVI *Klaglibell:* ‹Büchlein mit der Klageschrift›

XXXVI *Phidias:* griech. Bildhauer des 5. Jhs. v.Chr.

XXXVI *Apell:* Apelles, griech. Maler des 4. Jhs. v.Chr.

XXXVI *honorarium:* ‹ehrendes Geschenk›

XXXVI *mercedem:* kein Kunstpreis einer schwäbischen Automobilfirma, sondern ‹Mietlings-Lohn›

XXXVI *amplissima:* die ‹umfassendste› [philosophische] Fakultät der ‹Artes liberales›

XXXVI *ordine summe venerando:* der ‹höchlichst zu verehrende Stand› der Theologischen Fakultät

Friedrich Gottlieb Klopstock (1724–1803): Guter Rath der Aldermänner

Druckvorlage

[Friedrich Gottlieb Klopstock]: Die deutsche Gelehrtenrepublik. Ihre Einrichtung. Ihre Geseze. Geschichte des lezten Landtags. Auf Befehl der Aldermänner durch Salogast und Wlemar. Herausgegeben von Klopstock. Erster Theil. Hg. v. Rose-Maria Hurlebusch. Berlin 1975 (=Hamburger Klopstock-Ausgabe, Werke VII.1), S.65–75.
Erstdruck: Die deutsche Gelehrtenrepublik. Ihre Einrichtung. Ihre Geseze. Geschichte des lezten Landtags. Auf Befehl der Aldermänner durch Salogast und Wlemar. Herausgegeben von Klopstock. Erster Theil. Hamburg 1774.
[Exemplar: Zentralbibliothek Zürich, Sign.: WD 1402]

Erläuterungen

Aldermänner, Anwalde, und Zunftälteste ... Ekhard ... Urban ... Laurenz Rohrdommel: Fiktionales Figural der «Gelehrtenrepublik»
noch Kraft noch Anmut: ‹weder ... noch›
des Erostratus Ruhm: Herostratos zündete 356 v. Chr. den Tempel der ‹Diana von Ephesos› (s. o. bei Nemeitz) an.

JOHANN CASPAR LAVATER (1741–1801): Vermischte Gedanken

Druckvorlage

Vermischte Gedanken. Manuscript für Freunde. von J.[ohann] C.[aspar] Lavater. Herausgegeben von einem unbekannten Freunde des Verfassers. Frankfurt u. Leipzig: Johann Georg Fleischer 1775.
[Exemplar: Schweizerische Landesbibliothek Bern, Sign.: A15526].

Erläuterungen

II.11 *fehlen:* ‹Verfehlungen begehen›
II.12 *den Demonstrationssüchtigen:* ‹einen rationale Beweise Verlangenden›
II.17 *Das Rad:* ‹Hinrichtung durch Rädern›

ADOLPH FREIHERR VON KNIGGE (1752–1796): Sprüche

Druckvorlage

Adolph Freiherr von Knigge: Gesammlete poetische und prosaische kleinere Schriften. 1. Teil. Frankfurt a. M. 1784, S. 60–63. [Reprograph. Nachdr. in: Adolph Freiherr Knigge: Sämtliche Werke. In Zusammenarbeit mit Ernst-Otto Fehn u. a. hg. v. Paul Raabe, Bd. 16. Nendeln 1978.]
[Exemplar: Herzog-August-Bibliothek Wolfenbüttel, Sign.: Lo 3803]

Erläuterungen

Popularität: ›Volksnahes Verhalten›
medicina est ars privilegiata ...: ‹Die Medizin ist eine Disziplin mit besonderen Vorrechten, insofern sie ihre Unwissenheit am Leibe der Kranken erproben darf›
Confessiones: Bekennende Autobiographie nach Art der «Confessiones» des Augustinus und der «Confessions» von Rousseau

Johann Caspar Lavater (1741–1801): Zugabe

Druckvorlage

Salomo, oder Lehren der Weisheit. Gesammelt und herausgegeben von Johann Caspar Lavater. Winterthur: Heinrich Steiner u. Comp. 1785, S. 129–135.
[Exemplar: Schweizerische Landesbibliothek Bern, Sign.: Theol 3366].

Erläuterungen

690 *Schalk ... Narr:* i.S. der Lutherbibel (Matth. 5,22) nicht harmlos ‹schalkhaft› bis ‹närrisch›, sondern ‹nichtswürdig› bis ‹abgrundschlecht›
690 *Ostentation:* ‹Prahlerei›
692 *vorrückt:* ‹vor Augen rückt›, ‹vorhält›
700 *sechshundert neun und neunzig Lehren der Weisheit:* also diejenigen des vorliegenden Buches von Lavater – diese 700. offenbar ausgenommen

Jean Paul (1763–1825): Meiner abgerissenen Einfälle erste / zwote / lezte Lieferung

Druckvorlage

Jean Paul: Sämtliche Werke Abt. II (Jugendwerke und vermischte Schriften), Bd. 1 (Jugendwerke I): Hg. v. Norbert Miller unter Mitwirkung v. Wilhelm Schmidt-Biggemann. München 1964, S. 1065–1070.

Erstdruck: Mixturen. Für Menschenkinder aus allen Ständen, von verschiedenen Verfassern. o. O. 1786.

Erläuterungen

Iniurienklage: ‹Zivilklage wegen persönlicher Beleidigung›
wider seinen Willen: emendiert aus *wieder*; nach Ausweis des folgenden *Widerwärtigkeiten* ein Versehen
Fakultisten: ‹akademischen Gelehrten›
maioren[n]: ‹mündig›
K-th: vermutlich Johann Theodor Künneth (1735–80), Bayreuther Erbauungsschriftsteller
Tonsur: ‹rituelle Kopfrasur von Mönchen›
monachi est plorare: ‹Das Jammern ziemt dem Mönch, aber nicht das Lehren›
am langen Tage: ‹Jom Kippur›, jüd. Versöhnungstag
Corpus juris: ‹Gesetzbuch›
Aelian: Claudius Aelianus (170–235), römisch-hellenistischer Moralschriftsteller
sympathetisch: ‹wahlverwandt einander anziehend›
Louisd'or: frz. Goldmünze
dänischen Mantel / spanischen Stiefel: Folterinstrumente
die Kartesianer: ‹Anhänger des Philosophen Descartes›
Monotheletisten: Anhänger der ‹Ein-Willens-Lehre› des 7. Jhs. n. Chr.
illuminirten Kupfern: kolorierte Kupferstiche als Buchschmuck
in effigie gehangen: ‹als Abbild gehenkt› (z. T. üblich bei in Abwesenheit Verurteilten)
Titelvignette: ‹Rebenranke›, miniaturartiger ornamentaler Buchschmuck
Montirungslivranten: ‹Uniform-Händler›

Marianne Ehrmann (1755?–1795): Kleine Fragmente für Denkerinnen

Druckvorlage

[Marianne Ehrmann:] Kleine Fragmente für Denkerinnen. o. O. [Isny] 1789.

[Exemplar: Zentralbibliothek Zürich, Sign.: ZC 1365].

Erläuterungen

Yorik: Schriftsteller-Name von Laurence Sterne (z.B. «Sentimental journey by Mr. Yorick», 1765), wohl auf Hamlets verstorbenen ‹court jester› Yorick zurückgehend

Afterschüler: hier ‹Nach-Nachahmer›

Afterphilosophen: hier ‹eingebildete Pseudo-Philosophen›

Jean Paul (1763–1825): Witziger Anhang / Ernsthafter Anhang

Druckvorlage

Jean Paul: Sämtliche Werke. Abt. II (Jugendwerke u. vermischte Schriften), Bd. 2 (Jugendwerke II, Vermischte Schriften I). Hg. v. Norbert Miller u. Wilhelm Schmidt-Biggemann, München 1976, S. 239–241 und 374–378.

Erstdruck: Jean Paul: Auswahl aus des Teufels Papieren. o. O. [Gera: Beckmann] 1789.

Erläuterungen

Bankerut: ‹Bankrott›

Bouteillen: ‹Flaschen›

Frau von La Roche: Sophie von La Roche (1731–1807), vielgelesene dt. Autorin von Romanen und Erzählungen

Decke Mosis: Moses verdeckt damit sein nach Empfang der Gesetzestafeln ‹strahlendes Angesicht› beim Umgang mit dem Volk Israel (2. Mos. 34, 33–35)

Superintendent: Vorsteher eines Kirchenkreises in der ev.-luth. Hierarchie

Epiphanius: griech.-zypriot. Bischof und Schriftsteller (315–403)

Grossing: Franz Rudolf von Grossing, Jurist und Schriftsteller (1753–1830)

Dapper: Olfert Dapper, holländ. Geograph (1636–1689)

Konsistorium: die für die Auflösung von als ungültig erklärten Ehen zuständige Kardinalsversammlung

kopulirt: ‹vermählt›

Johann Georg Heinzmann (1757–1802): Einzelne Gedanken

Druckvorlage

[Johann Georg Heinzmann:] Die Feyerstunden der Grazien. Theil 1 [von 5]. Neue Ausgabe. Bern: Hallersche Buchhandlung 1792, S. 456–466.
[Exemplar: Stadt- und Universitätsbibliothek Bern, Sign.: F 81]

Erläuterungen

Afterwitz: ‹naseweiser Pseudo-Verstand›
Erebus: das Schattenreich der Unterwelt
Gebrechlichkeit: Inbegriff aller menschlichen (nicht nur körperlichen) Schwachheiten
Palladium: ‹Abbild der Schutzgottheit (wie Pallas Athene)›

Sebastian Mutschelle (1749–1800): Menschenkenntnis, Selbstkenntnis

Druckvorlage

Sebastian Mutschelle: Vermischte Schriften, Bd. 1, München: Joseph Lindauer 1793, S. 65–100.
[Exemplar: Kantons- und Universitätsbibliothek Fribourg, Sign.: A 431]

Erläuterungen

Nulla dies sine linea: ‹Kein Tag soll vergehen ohne eine neu geschriebene Zeile›
durch vier Pferde zerrissen: ‹gevierteilt›, noch zu Beginn der Frz. Revolution übliches Hinrichtungsverfahren
verlobt: hier ‹gelobt› i. S. v. ‹Gelübde›
cum nota eminentiae: ‹mit Vermerk der Überdurchschnittlichkeit›, mit hervorragender Examensnote
schwürigste: ‹mit Geschwüren bedeckteste›
Pyrrhonism: skeptizistische Schule nach Pyrrhon (360–270 v. Chr.)
utramque rempublicam: ‹das äußere wie das innere Gemeinwohl›

Addition: hier ‹Zulage›
wieviel löthig: ‹wieviel Loth sie wiegen› («Freunde in der Not / Gehen tausend auf ein Lot», nämlich auf ein Zweiunddreißigstel eines Pfundes)
Schmelzkapelle: zeitgenössische Einrichtung zur Metallverhüttung
Mamsell: hier ‹Kinderfräulein›
Profanen: ‹Laien›, hier: ‹nicht mit Eingeweihten›

Johann Wolfgang von Goethe (1749–1832): Lehrbrief

Druckvorlage

Erstdruck: Goethe's neue Schriften, Bd. 3–6: Wilhelm Meisters Lehrjahre. Ein Roman. Herausgegeben von Goethe. Berlin 1795–1796.
[Exemplar: Zentralbibliothek Zürich, Sign.: Res 417–420].
Textfassung: Sprüche in Prosa. Sämtliche Maximen und Reflexionen. Hg. v. Harald Fricke. Sämtliche Werke: Frankfurter Ausgabe, Bd. I.13. Frankfurt 1993, S. 417–424, Nr. 7.1.1.-7.2.15 [ausführlicher Kommentar S. 1024–1046].

Erläuterungen

Ceremonien: hier i.S.v. ‹kultische Rituale›

Johann Gottfried Seume (1763–1810): Bemerkungen

Druckvorlage

Johann Gottfried Seume: Obolen, in: Ders.: Prosaische und poetische Werke. 7. Teil. Berlin: Hempel o.J. [1879], S. 54–56.
Erstdruck: Johann Gottfried Seume: Obolen. 1. Bdchen. Leipzig 1796.

Erläuterungen

Obolen: spartanische Kleinmünzen
Palladium: s.o. bei Heinzmann

Friedrich Schlegel (1772–1829): Kritische Fragmente

Druckvorlage

Lyceum der schönen Künste. Bd. I.2, Berlin 1797 [Reprograph. Nachdr. Nendeln 1971], S. 133–147.

Erläuterungen

Diderots Jakob: «Jacques le Fataliste et son Maître», sozialkritischer Roman des ‹Enzyklopädisten› Denis Diderot (1774)

Bodmer: Johann Jacob Bodmer (1698–1783), Zürcher Poetiker und Kunstphilosoph, mit seinem Landsmann Breitinger Vorkämpfer für Anerkennung des ‹Wunderbaren› in der Dichtung

aristophanisch: in der Art des griechischen Komödien-Autors Aristophanes (446–388 v. Chr.)

naive und sentimentale [sic]: gemeint ist Schillers poetologischer Traktat «Über naive und sentimentalische [d. h. selbstreflektierende] Dichtung» von 1796

Nunc vero musicantes...: ‹Nun aber werden unsere Musikanten mit Pauken und Trompeten musizieren›

Frikzion: ‹Reibung›

Faublas: «Les amours du Chevalier de Faublas» von Louvet de Couvay (1790)

Hippel: Theodor Gottlieb von Hippel (1741–96), Verfasser der «Lebensläufe nach aufsteigender Linie»

que pourtant...: ‹dass wir vielleicht in Gefahr sind, nicht immer Franzosen zu bleiben›

Pyramus: Die Handwerker in Shakespeares ‹Sommernachtstraum› versuchen die (an Ovid anschließende) Liebestragödie «Pyramus und Thisbe» aufzuführen

Moyens: ‹Mittel›

Guineen: engl. Goldmünze

Chamfort: Nicolas Chamfort (1741–94), bedeutender französischer Aphoristiker zum vorrevolutionären Abschluss der ‹moralistischen› Tradition La Rochefoucaulds

Les vers ajoutent...: ‹Verse verleihen dem Denken des Menschen Geist, woran es ja immer fehlt – und das nennen die Leute dann Talent›

Johann Gottfried Seume (1763–1810): Neue wohlgeordnete Auszüge aus Büchern und Zeitungen

Druckvorlage

Johann Gottfried Seume: Obolen, in: Ders.: Prosaische und poetische Werke. 7. Teil. Berlin: Hempel o.J. [1879], S. 71–74.
Erstdruck: Johann Gottfried Seume: Obolen. 2. Bdchen. Leipzig 1798.

Erläuterungen

Pitt: Willam Pitt sr. (1708–78) oder sein Sohn William Pitt jr. (1759–1806), englische Staatsmänner
Parforcejagden: ‹Hetzjagden› mit Hunden und Pferden
Synthesis der Apperception: Kants Lehre von der (durch die 12 Verstandeskategorien vorgeordneten) Wahrnehmung in der «Kritik der reinen Vernunft»
Skepse des Pyrrho und Arcesilas: Skeptizistische Lehre von Pyrrhon (s.o. bei Mutschelle) und Arkesilaos (315–241 v. Chr.)
Divan: hier ‹Beraterstab eines orientalischen Herrschers›
Piliza: gemeint ist wohl der Fluss *Pilica* südlich von Warschau (wo Seume zeitweilig in militärischen Diensten stand)
Hugo Grotius: holländ. Jurist, Diplomat und Begründer des internationalen Kriegsrechtes (1583–1645)
*praeterea [*hier sinngleich für übliches: *Ceterum] censeo, Carthaginem esse delendam:* ‹Im übrigen plädiere ich für die Zerstörung Karthagos›; Catos berühmte stehende Formel zum Abschluss jeder Rede
Canonisation: ‹Heiligsprechung›
Accise: ‹Akzise›, Zölle und amtliche Abgaben
advocatus diaboli: der dem ‹Advocatus dei› von Amts wegen gegenübergestellte Vertreter des teuflischen Rechtsstandpunkts in formalisierten theologischen Debatten

Novalis [d. i. Friedrich von Hardenberg] (1772–1801):
Blüthenstaub

Druckvorlage

Athenaeum. Eine Zeitschrift von August Wilhelm Schlegel und Friedrich Schlegel. Bd. I.1, Berlin 1798 [Reprograph. Nachdr. Darmstadt 1983], S. 70–106, hier: S. 70–83.

Erläuterungen

Dynamik: physikalische ‹Bewegungslehre›
Formazion: ‹gesellschaftliche Hierarchie›
Primogenitur: ‹Erstgeburtsrecht›
Ameliorazion und Deteriorazion: ‹Verbesserung und Verschlechterung›, gesellschaftlicher Aufstieg und Niedergang
Metempsychose: ‹Seelenwanderung›
Darwin: Natürlich noch nicht der Erfinder des ‹Darwinismus› (1809–82), sondern sein Großvater, der engl. Naturforscher Erasmus Darwin (1731–1802)
Inzitament des Organismus: ‹Aufreizung›, Antriebsmittel
Symphilosophie: das frühromantische Ideal des ‹gemeinschaftlichen Philosophierens›
Profanazion: ‹Entweihung des Heiligen›
aus dem Popolo: ‹aus dem einfachen Volke›

Friedrich von Hardenberg (1772–1801)
August Wilhelm Schlegel (1767–1845)
Friedrich Schlegel (1772–1829)
Friedrich Schleiermacher (1768–1834):
Fragmente

Druckvorlage:

Athenaeum. Eine Zeitschrift. Herausgegeben von August Wilhelm Schlegel und Friedrich Schlegel. Bd. I.2. Berlin 1798. [Reprograph. Nachdr. Darmstadt 1983], S. 179-322, hier: S. 179–194.

Erläuterungen:

Herrmann und Dorothea: Goethes 1798 gerade erschienenes Hexameter-Epos

Sthenelos: Der Sohn des Kápaneus aus Argos gibt diese Antwort dem Feldherrn Agamemnon, in Homers ‹Ilias› (IV. 402–405)

haut gout: ‹übler Beigeschmack›, bei Wildgerichten geschätzt

Duclos: Charles Duclos (1704–1772), frz. Historiograph und Sekretär der Académie française

Prätendenten: ‹Anwärter›

Prätension: ‹anmaßender Anspruch›

Alexandrinischer Styl: wortreich-ornamentale Schreibart i.S.d. ‹Asianismus› (oder ‹Ciceronianismus›) im Gegensatz zum knapp-konzisen *brevitas*-Ideal aller Aphoristik, dem ‹Attizismus› (oder ‹Tacitismus)

Ehe à quatre: ‹Ehe zu viert›

Chamfort: s.o. bei Fr. Schlegel

état d'epigramme: ‹epigrammatischer (d.h. satirischer) Dauerzustand›

Antipoden: ‹Gegenfüßler› auf der Gegenseite der Erdkugel, auch: ‹Widersacher›

*per [*latinisiert statt griech: *kat'] antiphrasin:* ‹durchs Gegenteil ausgedrückt›

epitheton ornans: ‹schmückendes ständiges Begleit-Adjektiv›

Centralmonaden: zwischen verschiedenartigen ‹Möglichen Welten› stabile Seinseinheiten in der ‹Monadologie› von Leibniz (1714)

Dionysius: Dionysius von Halikarnassos (1. Jh. v. Chr.) begründete als Poetiker das oben erläuterte aphoristische Stilideal des ‹Attizismus›; hier aber wohl eher der gleichnamige Tyrann von Syrakus (430–367 v. Chr.)

Kotzebue: August von Kotzebue (1761–1819) war nicht nur erfolgreicher Komödien-Autor, sondern auch Politiker und fiel als solcher (nicht aufgrund eines Literaturstreits) schließlich einem Attentat zum Opfer

Latomien: die Steinbrüche der römischen ‹Lautomiae› dienten zeitweilig der Zwangsarbeit im Strafvollzug

Moderantismus: ‹Grundsatz der Mäßigung›

Georg Christoph Lichtenberg (1742–1799):
Bemerkungen vermischten Inhalts

Druckvorlage

Georg Christoph Lichtenberg: Vermischte Schriften. Nach dessen Tode aus den hinterlassenen Papieren gesammelt u. hg. v. Ludwig Christian Lichtenberg u. Friedrich Kries. 1. Bd. Göttingen 1800, S. 139–145, 178–185, 190–195, 201–207, 226–237, 272–277, 287–294, 328–332, 373–377. [Reprograph. Nachdr. Bern 1972].

Konkordanz zur Sudelbuch-Zählung der Promies-Ausgabe:

(1) C_1 61 / C_1 87 / C_1 125 / C_1 142 / C_1 142 / C_1 148 [...]

(2) C_1 31 / C_1 54 / C_1 100 / C_1 328 / C_1 332 / C_1 349 / G_2 20 / G_2 21 / A_1 27 / A_1 45 [...]

(3) C_1 6 / C_1 22 / C_1 23 / C_1 27 / A_1 84 / A_1 32 / A_1 40 / A_1 137 / F_1 188 / F_1 269 [...]

(4) G_2 26 / Mat I_2 51 / B_1 392 / A_1 90 / A_1 33 / A_1 46 / A_1 51 / A_1 138 / A_1 140 / F_1 14 / F_1 20 [...]

(5) F_1 38 / F_1 58 / F_1 104 / F_1 134 / F_1 149, F_1 259 / F_1 536, D_1 514 / RA_2 128

(6) F_1 155, F_1 159, F_1 158 / F_1 233 / F_1 460 / F_1 786 / F_1 971 / D_1 230 [...]

(7) F_1 17 / A_1 118 / F_1 62 / F_1 141 / F_1 146 / F_1 161 / F_1 223 / F_1 1212 / E_1 507 / F_1 1223 / D_1 80 [...]

(8) C_1 198 / C_1 197 / C_1 242 / C_1 240 / C_1 330, C_1 353, M II_2 36 / B_1 310 / B_1 404 / A_1 75 [...]

(9) C_1 18 / C_1 37 / C_1 151 / C_1 206 / C_1 247 / C_1 265 / UB_2 5 / UB_2 6 / B_1 309 / B_1 359 [...]

(10) C_1 28 / C_1 38 / C_1 41 / C_1 120 / C_1 222 / C_1 202 / C_1 205 / C_1 245 / C_1 248 / C_1 276 / C_1 299 / C_1 204 / C_1 229 / C_1 238 / B_1 386 / F_1 19 / F_1 65 / F_1 100 / F_1 144 / F_1 232 / F_1 268 / F_1 278 / F_1 283 / K_2 239 / F_1 483 / F_1 561 / F_1 966 / D_1 105 / F_1 251 / D_1 466 / D_1 551 / D_1 548 / D_1 559 / E_1 372 / E_1 372 / E_1 425.

Chartequen: ‹dicke Wälzer›

Helvetius: Claude-Adrien Helvétius (1729–1771), frz. Klassiker des philosophischen Materialismus

Law: John Law (1671–1729), schott. Geldtheoretiker und einer der Erfinder des Papiergeldes

Indifferentismus: ‹Gleichgültigkeit›

epigrammatischen Perioden: ‹pointierten Satzkunststücken›

Plato, thou reason'st well: ‹Gut überlegt, Platon!› (Anspielung auf Joseph Addisons Tragödie «Cato» von 1731, V.1,1)

Kandidaten: ‹Anwärter auf eine Pfarrers-Stelle›

Friction: ‹Reibung›

Apperception: ‹Hinzuwahrnehmung›, zentrale Kategorie der Erkenntnistheorie für die intellektuelle Verarbeitung von Sinnesdaten

sneaking rascals: ‹schurkische Schleicher›

Präceptor: ‹Lehrer›

Phaläne: ‹Nachtfalter›

perfektibel und corruptibel: ‹der Vervollkommnung wie der Verderbnis fähig›

Meßkatalog: ‹Verzeichnis der Neuerscheinungen auf der Buchmesse›

Yorike: s.o. bei Ehrmann

Humische Geschichte: Der schott. Philosoph David Hume (1711–76) verfasste auch eine «History of England».

Häberlinische: Das zwölfbändige Werk des Helmstedter Geschichtsprofessors Franz Dominikus Häberlin (1720–87)

Folianten: ‹Bücher im Großformat›

Annalisten: ‹Annalen-Verfasser›, jahresweise vorgehende Chronisten

Farnesischen Herkules: Herkules-Statue im römischen Palazzo Farnese

Albinus: Bernhard Siegfried Albinus verfasste 1747 einen detailfreudigen Anatomie-Atlas.

Cowper: William Cowpers anatomische ‹Muskellehre› erschien zuerst 1694.

Garve: Christian Garve (1742–98), Philosoph und populärer Aufklärungs-Schriftsteller

Kelleresel: ‹Keller-Assel›
genera von Begriffen: allgemeine ‹Gattungsbegriffe› statt näher differenzierender ‹Subspecies›
Homocentrisch ... Anthropocentrisch: ‹den Menschen in den Mittelpunkt stellend›
Vor-Successor: wörtl. ‹Vor-Nachfolger›
les enseignés ... the taught ones: wörtl. ‹die Belehrten›
les savan[t]s... the learned: wörtl. ‹die Wissenden, gelernt Habenden›
Hartley: David Hartley (1705–57), engl. Philosoph und Psychologe
Messiade: «Der Messias» von Klopstock (1748–73)
verlornes Paradies: «Paradise Lost» von John Milton (1667); beides berühmte Beispiele für das zuvor diskutierte ‹Geistliche Heldengedicht›
Reges sumus supplicibus; rursusque rex nobis, in cuius est manu quod petimus: ‹Wir sind Könige für die, die uns um etwas bitten – und umgekehrt ist für uns jeder ein König, in dessen Hand dasjenige liegt, worum wir bitten›
Testimonia: ‹Zeugenaussagen›
Barrere ... in seinem Werk: «Neue Reisen nach Guyana, Peru und durch das südliche Amerika» von Pierre Barrère u.a. (dt. Göttingen 1751)
Pitaval: Die 20bändige Sammlung «Causes célèbres et intéressantes» des frz. Juristen François Gayot de Pitaval (1734ff.) gilt als klassische Quelle der europäischen Kriminalschriftstellerei
Epikuräer: hier wohl ‹Lebenskünstler›
Bouteille: s.o. bei Jean Paul
krittlich: ‹nörgelig, überkritisch›
officinellen: Überlagerung aus *offiziellen* und *Offizin* (›Amtsstube, Büro, Praxisraum, Werkstatt, Labor›)
mäanderte: ‹umkurvte› (wie ein sich schlängelnder Fluss)
Schwanzmeister: ‹Oberaufseher beim Einrammen der Pfähle für ein Haus-Fundament›
Birkenbaum: sc. von dem die Birkenruten (der später genannte ‹Birken-Pinsel›) für die Prügelstrafe stammen
Emollit mores nec sinit esse feros: ‹Er mildert die Sitten, damit sie nicht zu rauh werden› (Ovid: Epist. ex Ponto 2.9,47)
Professor Philosophiae extraordinariae: ‹Professor für außerordentliche Philosophie› (statt: *Professor extraordinarius Philosophiae*)

Louisd'or: s.o. bei Jean Paul
furore Wertherino: ‹Werther-Fieber› (wohl Umschreibung für: Selbstmord)
compilirt: ‹häuft an›
Thetis, die den Bacchus umarmt: der Weingott in den Armen der Meeresnymphe (›wenig Wein in viel Wasser‹)
Thanatologie: ‹Wissenschaft vom Tode›
diabolus familiaris: ‹Hausteufel›
Nitimur in foetidum: ‹Wir neigen zu allem, was stinkt› (Verballhornung von Ovid: Amores 3.4,17)
Titulär-Philosophen: in Analogie zu ‹Titular-Professoren› (die den Titel, aber nicht das Amt besitzen)

Nachwort

‹Aphorismen des 18. Jahrhunderts›: ja klar, das kennt man doch als gebildeter Leser! – Kennt man es wirklich?

Entgegen verbreiteter Annahme ist ‹Literarische Aphoristik› in der deutschsprachigen Literatur des Aufklärungs-Jahrhunderts noch keineswegs eine eingeführte Gattung. Große Namen wie La Rochefoucauld oder Lichtenberg, die dem aphoristischen Genre seinen Platz in der Weltliteratur gesichert haben, täuschen hier eher über das eigentliche historische Bild hinweg. Denn die Maximen-Tradition der ‹Französischen Moralistik›, die 1665 mit den die Sitten seiner Zeit satirisch entlarvenden Bonmots des Herzogs François de la Rochefoucauld einsetzte, fand – anders als beinahe im ganzen übrigen Europa – im deutschen Sprachraum zwar viel Resonanz, aber so gut wie keine literarischen Nachfolger.

Und der kleinwüchsige Geistesriese Georg Christoph Lichtenberg? Er begann zwar tatsächlich schon 1765 seine – heute vielfach weltberühmten, zuweilen sprichwörtlich gewordenen – Bos- und Weisheiten in seine Schmierhefte, seine ‹Sudelbücher› einzutragen. Aber als der weithin geschätzte Physikprofessor 1799 starb, konnte ihn kein Mensch für einen ‹Aphoristiker› halten – denn nichts von alledem war noch ans Licht der Öffentlichkeit gedrungen. Die bis heute anhaltende Wirkung seiner unerreichten, obwohl häufig imitierten Aphorismen setzte erst posthum ein, mit der ersten Auswahl-Ausgabe vom Jahre 1800. Sie haben wir deshalb – gerade in dieser philologisch vielleicht bedenklichen, aber gattungsgeschichtlich wegbereitenden Fassung – auszugsweise ans Ende dieses Lesebuches gesetzt, das in unterhaltsamer Form zugleich die

Stationen einer literarischen Entwicklung dokumentieren will.[1]

Denn es bedurfte einer das ganze 18. Jahrhundert andauernden, tastenden, oft sprunghaften Entstehungsgeschichte, bis sich auch in deutscher Sprache die literarische Aphoristik zu einer eigenständigen, mit eigenen Qualitäten und Lesereizen ausgestatteten Literaturform entwickelt hatte, wie wir sie dann bei Lichtenberg geradezu idealtypisch antreffen: knappe Prosatexte ohne Erzählfiktion, in aller Regel sprachlich oder auch sachlich auf den Schluss hin pointiert. So wie man Gedichte meist schon beim Aufschlagen eines Buches graphisch als solche erkennt, so gibt bereits das typische, durchbrochene Druckbild dem Leser ein erstes – wiewohl nicht immer verlässliches – Indiz für die Textsorte ‹Aphorismen›: für in beliebiger Reihenfolge lesbare (technisch gesprochen: von ihrer textlichen Umgebung ‹isolierte›) Einzelsprüche.

Auf dem Wege dahin treffen wir freilich nicht durchweg schon auf ‹lupenreine› Aphorismen, sondern auf Vorstufen der Gattung von unterschiedlichster Art: zeitkritische Betrachtungen und gelehrte Lektüre-Glossen (in der ‹tacitistischen› Tradition der italienischen und spanischen Tacitus-Kommentare); weltkluge Höflichkeitsregeln und moralistische Maximen (nach Art von Baltasar Gracián und La Rochefoucauld); vermischte Kleinschriften eines Verfassers (›...ana‹, nach Vorbild der international ausstrahlenden ‹Chevræana› Urbain Chevreaus). Daneben besteht bis gegen Ende des Jahrhunderts aber auch die zweitausend Jahre alte Traditionslinie der medizinisch-naturwissenschaftlichen Lehraphorismen fort – im engen Anschluss an

[1] Für wichtige Hinweise und tätige Hilfe bei der Materialsuche danken die Herausgeber Georg Braungart, Jürgen Fohrmann, Theodor Verweyen, Friedrich Vollhardt, Christian Wagenknecht, Ernst-Peter Wieckenberg, Johannes und Markus Winkler sowie Rüdiger Zymner.

die namengebenden ‹Aphorismoi› der hippokratischen Ärzte-Schule, und oft genug sogar unter diesem Namen. Gleichwohl gehören sie nicht der neu aufsteigenden literarischen Form an, sondern – als wohlgeordnete, aufeinander aufbauende ‹Thesen› – einer abklingenden, altetablierten Darstellungsform der Wissenschaft: in möglichst merkfähigen, systematisierten, eng aneinander anschließenden Lehrsätzen (wie wir sie ähnlich noch in den durchnumerierten ‹aphorisms› von Francis Bacons 1620 erschienenem «Novum Organum» und in Ernst Platners einflussreichen, aber nichtaphoristischen ‹Philosophischen Aphorismen› von 1776 antreffen).

Diese verschiedenartigen Quellen und Anreger der im engeren Sinne literarischen Aphoristik sind freilich bislang kaum erforscht, noch weniger textlich dokumentiert. Deshalb hatte einer der Herausgeber dieser Anthologie noch 1984, in einem Überblicksband zu Grenzen und Geschichte des aphoristischen Genres, zu konstatieren:

> Eine wirklich zuverlässige und gründlich quellensichtende Erforschung dieser zögernden Rezeption und der gesamten Ur- und Frühgeschichte der Aphoristik bis zum Erscheinen der ersten Schlegel-Fragmente ist allerdings [...] ein dringendes Desiderat.[2]

Diese Wissenslücke versucht die hier vorgelegte Sammlung nach Kräften zu füllen: durch Präsentation einer Reihe unbekannter, meist seit langem nirgends mehr greifbarer frühaphoristischer Texte. Und die Auswahl soll zugleich erweisen: Ihre Lektüre lohnt sich noch heute, des Lesevergügens wie der gedanklichen Anregungskraft wegen.

Am Anfang der Sammlung, wie am Eingang des 18. Jahrhunderts, steht dabei eine besondere Trouvaille. Die erste bekannte Übersetzung ins Deutsche von La Rochefoucaulds «Réflexions ou sentences et maximes morales› (die doch

[2] Harald Fricke: Aphorismus. Stuttgart 1984, S. 52 f.

seit 1665 in vielen Sprachen Europas rezipiert und auch imitiert worden waren, nicht zuletzt von der schwedischen Königin Christina) ist erst 1699 von dem galanten Erfolgsschriftsteller August Bohse alias ‹Talander› in Druck gegeben worden. Als Startsignal für die aphoristische Gattungsgeschichte in deutscher Sprache drucken wir zur Einleitung Teile daraus ab, samt Auszügen einer Fortsetzung durch ‹Maximen und unterschiedliche Gedanken› von unklarer französischer Verfasserschaft.

Die eigentliche Sensation fand sich nun aber im Anhang dieser Übersetzung. Wie die Vorbemerkung des Verfassers bei allen Bescheidenheitsfloskeln mehr als deutlich durchklingen lässt, enthält der Abschnitt «Unterschiedliche Gedancken» nicht mehr aus dem Französischen übertragene Maximen, sondern – eigene. Mit anderen Worten: Nach allem, was man bisher weiß – neue Funde könnten das Bild natürlich jederzeit verändern – , haben wir hier die ersten eigenständigen Aphorismen in deutscher Sprache vor uns.

So eng sie dabei am Modell der zuvor übersetzten Maximen aus der Französischen Moralistik orientiert bleiben, so demonstrativ nehmen sie doch einen eigenen, ja kontrastierenden Standpunkt gegenüber La Rochefoucaulds wiederholter Demaskierung vermeintlicher Charaktertugenden als bloßer Varianten der ‹Eigenliebe› (amour-propre) ein: Nach Bohse-Talander ist eine wohlverstandene Eigenliebe, eine ‹regulirte› oder ‹rechtschaffene Selbst-Liebe› geradezu das unerlässliche Fundament auch für alle wahren, d. h. deutlich christlicher als bei beim französischen Skeptiker aufgefassten Tugenden. Auch im Detail überraschen Bohses Bemerkungen öfters durch eine gedankliche Eigenständigkeit, die sie gelegentlich wie ein 100 Jahre verfrühtes Vorecho Kants (in der Integration von Vernunft und Erfahrung bei aller Naturerkenntnis) oder Lichtenbergs (zum Anteil des Leibes am vermeintlich reinen Gefühl der Liebe) erscheinen lässt.

Erstaunlicherweise ist August Bohse mit seinem Versuch der Begründung einer ‹deutschen Moralistik› nach dem gattungsrein aphoristischen Muster La Rochefoucaulds zunächst ein Einzelfall geblieben. Es sind vielmehr die Mischgattungen der ‹Charakterstudien› La Bruyères (ab 1688, nach dem antiken Modell Theophrasts) und der Literaturkommentare im Stile des heute kaum mehr bekannten Moralisten Chevreau, die die größte Bedeutung für die Anfänge der deutschen Aphoristik haben.

Ende des 17. Jahrhunderts stellte der leidenschaftliche Leser und Büchersammler Urbain Chevreau quasi-aphoristische Kurzprosatexte unter dem Titel «Chevræana» zusammen: seine kommentierten Lesefrüchte aus allen möglichen Gebieten der Literatur und Philosophie. Ein früher deutschsprachiger Nachahmer dieser weniger moralistischen als tacitistischen Methode ist der heute ebenfalls weithin vergessene Nicolaus GUNDLING, dessen bis zum Tode fortgeführte Sammlung von «Gundlingiana» zwischen 1715 und 1732 in Halle veröffentlicht wurden. Auch diese Sammlung besteht aus aphorismusartiger Kurzprosa, die im Vergleich zu den Texten Chevreaus allerdings durch die Unterteilung in Kapitel, durch kurze Inhaltsangaben am Anfang jeden Kapitels und durch thesenhafte Bezüge zwischen den Einzeltexten insgesamt stärker durchstrukturiert sind.

In der Folge scheint diese Art der aphoristischen Textglossen-Literatur eine recht große Verbreitung gefunden zu haben. Denn im Jahre 1785 veröffentlicht der Satiriker Friderich Just Riedel eine Parodie solcher Kurztexte unter dem Titel «Skribleriana». Im Vorwort zu dieser Parodie attackiert er seine Vorgänger mit den Worten:

> Wir haben Skaligeriana, Menagiana, Patiniana, Valesiana, Parrhasiana, H**liana, Arlequiniana und noch viele andere Ana, die ich nicht alle zu nennen weiß. Wir, ich Skribler der dritte, und mein Mitbruder in der Kritik, Peter Burmann der zweete, oder damit ich

bescheidener rede, Peter Burmann der zweete, und ich Skribler der dritte, haben gemeinschaftlich beschlossen, die Geschichte der Weisheit und Thorheit durch neue Ana zu bereichern.[3]

Die ‹Gundlingiana› wie auch die noch stärker der Gelehrten-Glosse zuneigenden «Vernünftigen Gedancken» von Joachim Christoph NEMEITZ (publiziert 1739–45) enthalten zwar manches amüsante Detail: etwa zum Umgang mit Geld oder zur international auseinanderdriftenden Aussprache des – die Gelehrte Welt verbinden sollenden! – Lateinischen. Statt um konzis zugespitze Aphorismen handelt es sich hier aber doch insgesamt eher um vielsprachige, zitaten- und anspielungsreiche Materialfundgruben – wir haben schon die heute noch vergleichsweise ‹lesbarsten› Abschnitte herausgeklaubt und ihr Verständnis im Kommentierten Quellenverzeichnis durch Worterläuterungen zu erleichtern gesucht.

Ein ebenfalls noch der Frühgeschichte der deutschsprachigen Aphoristik zuzurechnender Autor ist Abraham Gotthelf KÄSTNER, der wichtigste akademische Lehrer und spätere Göttinger Kollege Lichtenbergs. Die von ihm in seinen ‹Vermischten Schriften› erstmals 1755 veröffentlichten, später unter der Bezeichnung «Einfälle» gesammelten Kurzprosatexte gehören in vieler Hinsicht zur gleichen Tradition wie die erwähnten, schon bei Nemeitz ausdrücklich in Gattungszusammenhang mit den Frühaphoristikern Antonio Pérez und La Rochefoucauld gebrachten ‹Schriften in -ana›. Die Mehrheit dieser Texte sind in der Tat eher Glossen als Aphorismen: Kommentiert werden medizinische Journale, Reiseberichte, «Tristram Shandy», Sokrates, Lucas Cranach, der «Gil Blas»-Roman von Lesage, Newton, Vol-

[3] Friderich Just Riedel: Skribleriana. In: Fr. J. R.: Zehen Satyren, nebst drei Anhängen. Erster Band. Wien 1785 (= Sämmtliche Schriften. Wien 1785–87. Erster Theil). S. 345–382, hier S. 347.

taire oder «Robinson Crusoe». Neben solchen Literaturglossen entdeckt der Leser aber auch kleine Fabeln, schwankähnliche Erzählungen und Anekdoten. Die angesprochenen Gegenstände stammen aus den Wissenschaftsgebieten der Geographie, Medizin oder Astronomie und lassen den naturwissenschaftlichen Universalgelehrten ebenso wie den literarischen ambitionierten Schriftsteller, häufig genug auch den gefürchtet spitzzüngigen Satiriker Kästner erkennen. Der gemischte Gattungscharakter dieser frühaphoristischen Kurzprosa weist in ihrer thematischen Variabilität bereits voraus auf die Universalität der ‹Sudelbuch›-Einträge Lichtenbergs.

Einen wesentlich ernster gestimmten, nun auch im wörtlichen Sinne ‹moralistischeren› Ton treffen wir demgegenüber bei Lavater, Knigge und Klopstock an. Der fromme Zürcher Geistliche Johann Caspar LAVATER – zugleich mit seiner prärassistischen ‹Charakterphysiognomik› nicht allein dem körperbehinderten Lichtenberg ein heftiger Dorn im aufklärerischen Auge – gilt schon seit langem als einer der Wegbereiter literarischer Aphoristik in deutscher Sprache; und dies vor allem mit seinen 1787–88 erschienenen «Vermischten Unphysiognomischen Regeln zur Selbst- und Menschenkenntnis» (schon 1788 als «Aphorisms on Man» auch in der englischen Übersetzung seines Freundes, des schweizerisch-englischen Malers Johann Heinrich Füssli / Fuseli erschienen). Die darin wirksame Tradition der hippokratischen Lehrsatz-Sammlung wie der religiös-affirmativen Gnomen-Literatur lässt sich zweifelsfrei an der über weite Strecken für diese Sammlung charakteristischen thesenhaften Strukturierung ablesen.

Kaum Beachtung fanden leider bisher die Vorstufen dieser Sammlung – zwei um Jahre früher erschienene Spruchsammlungen Lavaters. Eine erste Kollektion seiner schwärmerisch-religiösen Erbauungssprüche wurde bereits 1775 (angeblich von einem anonym gebliebenen Freund Lavaters) unter dem Titel «Vermischte Gedanken. Manuskript für Freunde» herausgebracht. Diese frühe Sammlung lässt schon die für Lavaters Aphoristik typische Publikations- und Distributionsform erkennen. Denn das Büchlein war genau wie alle folgenden Sammlungen – zumindest sollte dieser Anschein erweckt werden – zuerst für einen intimen, persönlich bekannten Leserkreis bestimmt, dann aber doch der Öffentlichkeit in begrenzter Auflagenzahl zugänglich gemacht worden; meist ohne Angabe des Verlagsortes, entweder anonym oder durch fremde Herausgeber, jedenfalls darin den Druckgeschicken von La Rochefoucaulds Maximenwerk vergleichbar.

Die biblischen ‹Sprüche Salomonis›, die neben dem konzisen Stil der französischen Maximenliteratur bereits für diese früheste Sammlung Lavaters Modell gestanden haben, verleihen auch seiner zweiten, 1785 erschienenen Spruch-Anthologie den (etwas irreleitenden) Titel: «Salomo, oder Lehren der Weisheit». Diese Versammlung von 700 Gnomen oder ‹Weisheitssprüchen› ist als wichtiges Übergangsdokument in der Geschichte der deutschsprachigen Aphoristik zu werten. Sie enthält nämlich keineswegs nur Sentenzen aus dem biblischen Proverbia-Buch Salomo, sondern es handelt sich um eine alphabetisch nach Autoren geordnete Spruchsammlung mit Sentenzen von Aristoteles über Cato, Confuzius, Erasmus, Gracián, Herder, Platon, Sokrates bis Sterne und weit darüber hinaus. Überdurchschnittlich viel Raum erhalten in dieser Sammlung die führenden Autoren der Französischen Moralistik, La Rochefoucauld und La Bruyère (beide mit 10 Sprüchen; bemerkenswerter Weise fehlt Pascal gänzlich). Im Anhang dazu findet der Leser eine «Zugabe» von 6 Seiten. Diese Zugabe enthält (wie möglicherweise zum Teil schon die erste Abteilung von 67 Aussprüchen unter der Überschrift «Anonyme. Größtenteils aus Handschriften») Sprüche, die offenkundig von Lavater selbst stammen; wir drucken sie deshalb in diesem Band vollständig ab.

Der berühmte Verfasser des Buches «Vom Umgang mit Menschen», Adolph Freiherr von KNIGGE, steht eindeutiger als Lavater in der La Rochefoucauld-Tradition des moralistischen Skeptizismus. Obwohl auch er stilistische Knappheit anstrebt, ergeht sich der journalistische Berufsschriftsteller und Vielschreiber in seinem moralistischen Hauptwerk in einer merklichen ‹Geschwätzigkeit›, die keine noch so redundante Anekdote beiseite lassen möchte.

Immerhin bleibt die Suche nach aphoristischer Knappheit in Knigges übrigen Werken nicht ganz erfolglos. Eine kleine Gruppe als «Sprüche» überschriebener Aphorismen findet sich in den 1784–85 erschienenen «Gesammelten poetischen und prosaischen kleineren Schriften». Die moralistische Nachfolge wird auch in diesen 17 ziemlich misanthropisch gehaltenen Aphorismen deutlich; sie lassen sich geradezu als Essenz aus La Rochefoucaulds Maximen-Buch lesen. Die skeptische Sicht des Menschen kommt noch deutlicher im Titel von Knigges zweitem moralistischen Hauptwerk «Eigenliebe und Undank» (1796) zur Geltung, in dem er die ‹amour propre›-Thematik ausdrücklich ins Zentrum stellt (wie sie, in Kontrafaktur zu La Rochefoucauld, innerhalb unserer Sammlung auch von Talander, Lavater, Mutschelle, Ehrmann, Seume und Jean Paul thematisiert wird). Die didaktische Umfunktionierung der Moralistik aber, wie sie Lavaters ‹Unphysiognomische Regeln› (und erst recht seine 1795 erschienene Sammlung «Anacharsis oder vermischte Gedanken und freundschaftliche Räthe») kennzeichnet, ist Knigge weitgehend fremd.

Auf andere Weise modellbildend hat Friedrich Gottlieb KLOPSTOCKS Maximen-Sammlung «Guter Rath für Aldermänner» gewirkt. Denn sie stammt aus dem romanartigen Zusammenhang der «Deutschen Gelehrtenrepublik» von 1774; und Klopstock wird damit gleichsam zum ‹Erfinder› eines weiteren Grenzfalls der aphoristischen Gattung, der in eine Romanfiktion integrierten Aphorismen-Folge. Kurze Merksprüche, tiefsinnige Einzelbeobachtungen und weiter ausholende Reflexionen werden fiktiven Bewohnern der «Gelehrtenrepublik» wie dem kauzigen ‹Laurenz Rohrdommel› in den Mund oder in die Feder gelegt – als ‹Sprüche in Rollenprosa›, deren berühmtestes Beispiel später dann ‹Ottiliens Tagebuch› in Goethes «Wahlverwandtschaften» werden sollte.

In diesem Zusammenhang kommt man um den Sonderfall Jean Paul nicht herum. Er war vermutlich der einfallsreichste Bonmot-Erfinder der deutschen Literatur überhaupt – und gehört gleichwohl, entgegen mancher germanistischen Lieblingsthese, nicht eigentlich in die Gattungsgeschichte der literarischen Aphoristik hinein. Dazu sind seine sämtlichen prosaischen ‹Streckverse›, ‹Lebensregeln›, ‹Wetterbeobachtungen über den Menschen›, ‹Kleinen Zwielichter›, freischwebenden ‹Noten› oder aufgereihten ‹Gestrichenen Stellen› allzusehr, durch die grenzenlose Verknüpfungsmanie ihres Autors, in die jeweiligen Kontexte des umgebenden Romanwerks eingebunden statt aphoristisch isoliert.

Aber zur Entwicklungsgeschichte auf dem Wege hin zu einer deutschen Aphoristik als eigenständigem Genre gehört Jean Paul, gehören besonders die «Abgerissenen Einfälle», «Witzigen Anhänge» und «Ernsthaften Anhänge» aus der ‹satirischen Essigfabrik› seines Frühwerkes, als eine überaus wichtige Übergangsstation, denn doch dazu. Nicht weniger nämlich als ‹Wilhelm Meisters Lehrbrief› aus Goethes «Lehrjahre»-Roman von 1796 – notabene dem einzigen vor 1809 publizierten Beitrag Goethes im Umfeld der aphoristischen Gattungsgeschichte. Und ‹Aphorismen geschrieben› hat Goethe zu Lebzeiten eigentlich gar nicht; erst 75 Jahre nach seinem Tode wurde überaus heterogenes Text- und Nachlass-Material von Editoren dann zu einem vermeintlichen Hauptwerk namens «Maximen und Reflexionen» verfälscht.[4] Der ‹Lehrbrief› für Wilhelm Meister hingegen erweist sich (wenn man ihn, wie hier geschehen, für einmal aus dem Romankontext herauslöst und sozusagen für sich allein ins gattungsgeschichtliche Scheinwerferlicht rückt) als kunstvoll gearbeitete, zweiteilige Aphorismen-Kette – und zugleich als eine tiefe Reverenz vor der teilweise wörtlich aufgenommenen Lehrsatz-Tradition der hippokratischen Medizin-Aphorismen.

Auf ein sachlich wie historisch prekäres Nebeneinander stößt man in den – innerhalb von nur drei Jahren um 1790 herum veröffentlichten – aphoristischen Sammlungen des Herrn Heinzmann und der Frau Ehrmann. Aus diesen beiden Texten allein ließe sich ein hübscher und aufschlussreicher Beitrag zu ‹Gender Studies› über das 18. Jahrhundert erarbeiten. Bei Johann Georg HEINZMANN, einem wenig erfolgreichen Epigonen der großen Aufklärungssatiriker, sieht sich der heutige Leser, und erst recht die heutige Leserin, kopfschüttelnd mit einer Ansammlung hagestolzer Herrenwitze konfrontiert, die in ihrer nicht einmal mehr latent zu nennenden Frauenfeindlichkeit selbst unter den schreibenden Zeitgenossen nicht alltäglich gewesen sein dürfte.

Man könnte diese altchauvinistischen Entgleisungen heute eigentlich gar nicht mehr abdrucken, wenn man nicht in der glücklichen Lage wäre, sie gleich mit dem teils sprühenden, teils beißenden Witz der «Kleinen Fragmente für Denkerinnen» von Marianne EHRMANN zu konterkarieren. Diese frühemanzipatorische, dabei gegen das eigene Geschlecht keineswegs unkritisch gesonnene Autorin von denkerischer und sprachlicher Brillanz bereits im Jahre 1789 publiziert anzutreffen, fast 100 Jahre also vor Marie

[4] Zur Korrektur vgl. die Neuedition aller ‹Sprüche in Prosa› durch Harald Fricke in: J. W. Goethe: Sämtliche Werke. Frankfurter Ausgabe, Bd. I.13. Frankfurt 1993.

von Ebner-Eschenbach, deren Aphorismen zu den Höhepunkten der gesamten Gattungsgeschichte gehören: das ergibt eine besonders saftige Widerlegung des zeitweilig beliebten Germanisten-Geredes von der prononcierten ‹Männlichkeit› der Gattung Aphorismus.

Eine vergleichbare Kontrast-Figuration, nun aber auf politischem und theologisch-moralischem Felde, könnte man leicht auch aus den symptomatischen Sonderfällen Mutschelle und Seume errichten. Denn der theologische Schriftsteller und heute (auch von der bisherigen Forschung[5]) vollständig vergessene Aphoristiker Sebastian MUTSCHELLE verfolgt deutlich die schon bei Lavater beobachtete religiöse Umfunktionierung der Moralistik. Dabei darf man – sieht man einmal von dem folgenlos bleibenden Sonderfall des Moralistik-Übersetzers und -Imitators Bohse ab – in dem katholischen Pfarrer aus München den ersten ‹lupenreinen› Aphoristiker der deutschen Literatur sehen. In seinen «Vermischten Schriften» von 1793 veröffentlichte er mehrere Sammlungen von Aphorismen, die zusammengenommen ein beachtliches aphoristisches Œuvre ergeben.

Während aber beim geistlichen Schriftsteller Mutschelle die theologische Rekonstruktion und positive Wertung der durch die skeptizistische Moralistik desavouierten Moralbegriffe ins Auge fällt, steht der Name des radikalen Spätaufklärers Johann Gottfried SEUME für den Beginn einer unmissverständlich politischen, dezidiert kirchen- und adelskritischen Moralistik in Deutschland. In aller Offenheit entfaltet sich diese Stoßrichtung freilich erst in seinen «Apokryphen», die deshalb auch nicht früher als 1811, ein Jahr nach seinem Tode, veröffentlicht werden konnten

[5] Das gilt auch für die nach Beginn der Drucklegung dieses Bandes erschienene, verdienstvolle Monographie von Friedemann Spicker: Der Aphorismus. Begriff und Gattung von der Mitte des 18. Jahrhunderts bis 1912. Berlin, New York 1997.

(und dies, wegen ihres offen ausgesprochenen Atheismus und ihrer Sympathie für die anfänglichen Ziele der Französischen Revolution, zunächst nur verstümmelt). Demgegenüber erscheinen die 12 von Seume schon 1796 unter dem Titel «Obolen» (spartanische Kleinmünzen, also im Sinne von Lichtenbergs ‹Pfennigwahrheiten›) veröffentlichten aphoristischen ‹Bemerkungen› zwar moralistisch bzw. moralisierend, aber politisch meist noch recht unverdächtig; nicht ganz so freilich die ebendort von ihm publizierten, witzig-spöttischen «Neuen wohlgeordneten Auszüge aus Büchern und Zeitungen», die mit satirischer Raffinesse dem angelsächsisch beliebten Verfahren des ‹cross-reading› (über nebeneinander stehende Zeitungsspalten hinweg) nachgebildet sind.

Nach Durchgang durch eine solche Reihe von Rara und Rarissima betreten wir mit den ‹Fragmenten› der Jenaer Frühromantiker literarhistorisch wohlbekannten Boden. Obwohl die aphoristischen Texte insbesondere von Friedrich Schlegel und Novalis damit heute in einer Reihe von Werk- und Auswahl-Ausgaben gut zugänglich sind, haben wir doch nicht darauf verzichten mögen, jeweils wenigstens die ersten Seiten von Friedrich SCHLEGELS Fragmenten im «Lyceum», aus der gemeinsam mit seinem Bruder August Wilhelm, mit NOVALIS und SCHLEIERMACHER verfassten Kollektion im «Athenäum» sowie aus Novalis-Hardenbergs (in der gleichen Zeitschrift publizierter) Sammlung «Blüthenstaub» hier wiederzugeben. Denn im Kontext dieser historischen Gattungsreihe fällt doch einiges neue Licht auf solche wohlerforscht scheinenden Texte.

Das gilt beispielsweise für die auffällige, oft bemerkte ‹Feuilleton-Lastigkeit› der frühromantischen Aphoristik: bei aller Vielfalt sprechen die Bemerkungen fast nur über das ‹Geistesleben›, über Literatur und Kunst, am liebsten selbstreflexiv über die eigene. (Wenigstens bei Friedrich von Hardenberg wird dieses Spektrum freilich auf die Philosophie des Lebens und des Glaubens erweitert.) Im Kontext der frühen Gattungsgeschichte sieht man jedoch plötzlich, dass diese Selbstbeschränkung auf den Horizont des schreibenden mitteleuropäischen Intellektuellen bei den Jenaer Romantikern so neu gar nicht ist – in so mancher Hinsicht handelt es sich dabei um das Erbe der aphoristischen ‹Literaturglossen› eines Chrevreau, Gundling, Nemeitz und Kästner. Man hätte große Teile insbesondere von Friedrich Schlegels ‹Fragmenten› beinahe ebensogut als «Schlegeliana» betiteln dürfen.

Natürlich war demgegenüber die Etikettierung dieser vermischten aphoristischen Kurzprosa als «Fragmente» nicht nur gezielt gewählt, sondern wurde, um die literaturkritische Aufmerksamkeit darauf zu lenken, auch in den hier repräsentierten Textabschnitten gern selber thematisiert («Viele Werke der Alten sind Fragmente geworden. Viele Werke der Neuern sind es gleich bey der Entstehung»). Sie nun dieser bevorzugten Benennung wegen – wie die Überschriften in unserer Anthologie verdeutlichen, gab es ja im ganzen 18. Jahrhundert überhaupt noch keine einheitliche, allgemein eingeführte Gattungsbezeichnung! – von aller anderen aphoristischen Kurzprosa genrehaft abzusondern, war aber nicht mehr als eine (durchaus erfolgreiche und lange Zeit bis in die Germanistik hinein wirksame) Marktstrategie der aufstrebenden Jenaer Autorengruppe; durch irgendwelche als Besonderheit aufweisbaren Textbefunde an ihren Aphorismen selbst ist sie in keiner Weise gedeckt.

Im Vergleich zur intellektualistischen ‹Aphoristik ohne Unterleib› noch der Frühromantiker sind uns Heutigen die aphoristischen «Sudelbücher» Georg Christoph LICHTENBERGS gerade durch ihre Buntheit des prallen Lebens so unvergleichlich. Deren vollständige und editorisch wohlerschlossene Originalgestalt ist heute problemlos im Buchhandel erhältlich. Nur noch sehr schwer zugänglich – und deshalb, in dokumentarischer Absicht, unserer Ausgabe zugrundegelegt – ist hingegen die posthume Erstpublikation aphoristischer Texte aus Lichtenbergs Feder, wie sie im Jahre 1800 zuerst von seinem Bruder und Friedrich Kries verantwortet wurde: damals, näher am Zeitgeschmack, zunächst nach thematischen Gruppen geordnet, von deren jeder wir die ersten Seiten originalgetreu wiedergeben. Sie sollen dem modernen Leser, über das bis heute unverminderte Vergnügen am präzisen Witz der gedankenreichen Eintragungen hinaus, einen Eindruck von der Gestalt vermitteln, in der Lichtenbergs Aphorismen zuerst vor die Augen der Öffentlichkeit gelangten – und damit zugleich dieser Gattung zum endgültigen Durchbruch verhalfen.

Denn so wie, genau am Beginn des 18. Jahrhunderts, die Frühgeschichte der deutschen Aphoristik durch die soeben erschienenen Moralistik-Übersetzungen und Nachahmungen Talanders eingeläutet wurde, so darf mit diesem Datum im Jahre 1800, mit dem literarhistorischen Textereignis der Erstveröffentlichung aus Lichtenbergs Aufzeichnungen, die Gattung des literarischen Aphorismus auch beim deutschsprachigen Publikum als etabliert gelten.

Buchanzeigen